Silvia Federici

Jenseits unserer Haut

UNRAST

Silvia Federici ist feministische Aktivistin, Schriftstellerin und Lehrerin. Sie war 1972 eine der Mitbegründerinnen des *International Feminist Collective*, der Organisation, die die internationale Kampagne »Lohn für Hausarbeit« ins Leben gerufen hat. Von 1987 bis 2005 unterrichtete sie Internationale Politik und Politische Philosophie an der Hofstra-Universität im Bundesstaat New York. In all diesen Jahren hat sie Bücher und Essays über Philosophie und feministische Theorie und in jüngerer Zeit über den weltweiten Kampf gegen die kapitalistische Globalisierung und für eine feministische Wiederaneignung der Commons geschrieben.

Silvia Federici

Jenseits unserer Haut

Körper als umkämpfter Ort im Kapitalismus

aus dem amerikanischen Englisch
von Margarita Ruppel

UNRAST

Bibliografische Information der Deutschen Bibliothek
Die Deutsche Bibliothek verzeichnet diese Publikation in der Deutschen Nationalbibliografie; detaillierte bibliografische Daten sind im Internet über http://dnb.de abrufbar.

Diese Publikation wurde von der *Rosa Luxemburg Stiftung* gefördert

ROSA LUXEMBURG STIFTUNG

Silvia Federici:
Jenseits unserer Haut
Körper als umkämpfter Ort im Kapitalismus
3. Auflage, April 2026
ISBN 978-3-89771-329-1

Titel der Originalausgabe:
Beyond the Periphery of the Skin: Rethinking, Remaking, and Reclaiming the Body in Contemporary Capitalism

www.unrast-verlag.de – kontakt@unrast-verlag.de
Mitglied in der assoziation Linker Verlage (aLiVe)

Umschlag: David Hellgermann, Münster
Satz: Andreas Hollender, Köln
Druck: Multiprint, Kostinbrod

Inhalt

Danksagung

Die Entstehung von *Jenseits unserer Haut* ist einer Einladung zu verdanken, die ich 2015 von der Fakultät für Anthropologie und sozialen Wandel des *California Institute of Integral Studies* erhielt. Ich sollte drei Vorlesungen zum Thema Körper halten, die anschließend von PM Press veröffentlicht werden sollten. Damit bot sich mir nicht nur die Möglichkeit, zentrale Motive meiner Arbeiten zu überdenken, sondern in einem Band alle bisherigen Artikel zu diesem Thema zusammenzufassen. Mein erster Dank gebührt also dem Leiter der Fakultät für Anthropologie und sozialen Wandel, Andrej Grubačić, sowie PM Press.

Ich möchte auch den Gründerinnen der »Free Home University« danken, die an einem Workshop über den Körper und die gesellschaftliche Reproduktion vom 11. bis zum 16. Juni 2019 in meiner Heimatstadt Parma, Italien, teilnahmen und mit denen ich die Artikel las und diskutierte, die in diesem Buch den ersten Teil bilden. Ich danke vor allem Gaia Alberti, Sarah Amsler, Edith Bendicente, Carla Bottiroli Greil, Claire Doyon, Daria Filardo, Jesal Kapadia, Aglaya Oleynikova, Alessandra Pomarico, Teresa Roversi, Begonia Santa Cecilia sowie dem »Art-Lab«-Gemeinschaftszentrum in Parma, das unseren Workshop großzügig beherbergte.

Mein Dank gilt auch Jesse Jones, Tessa Giblin, Rachel Anderson und Cis Boyle für ihre Freundschaft, Unterstützung und die gemeinsame Zeit, die wir mit Diskussionen über Körperpolitik und der Gestaltung von Sheela-na-Gigs verbrachten. Danke dir, Jesse, für *Tremble Tremble* (2017), worin der mütterliche Körper in eine neue politische Betrachtungsweise gerückt wird.

Ein besonderer Dank gilt Camille Barbagallo, die das vorliegende Werk lektoriert hat, sowie den Publikationen, in denen einige der Artikel in diesem Band bereits zuvor erschienen sind.

Anerkennend erwähnen möchte ich den Beitrag zu meiner Arbeit durch *Feminist Research on Violence*, der New Yorker Frauengruppe, mit der ich konspiriere, um die Welt zu verändern, und die gleichnamige Webseite betreibe (http://feministresearchonviolence.org). Danke für das Wissen, die

Zuneigung und den Enthusiasmus, die wir bei unseren Treffen teilen und die meinen Schreibprozess aufrechterhalten und inspirieren.

Schließlich gebührt Dank den Herausgeber*innen der Bücher und Magazine, in denen einige der hier gesammelten Artikel erstmals erschienen.

»Durch Philosophie und Terror: Die Umwandlung des Körpers in Arbeitskraft« wurde ursprünglich veröffentlicht in Athanasios Marvakis et al., Hg., *Doing Psychology under New Conditions* (Concord, Ontario: Captus Press), S. 2–10.

»Mormon*innen im All?« ist eine Neuauflage des Artikels, den ich zusammen mit George Caffentzis in *Midnight Notes* 2 veröffentlichte, Nr. 1 (1982), S. 3–12.

»Gepriesen sei der tanzende Körper« erschien zuvor in Gods and Radicals, Hg., *A Beautiful Resistance* Nr. 1 (22. August 2016), S. 83–86.

»Über freudvolle Militanz« ist ein bearbeiteter Auszug aus einem Interview mit dem Titel »Feeling Powers Growing«, der veröffentlicht wurde in *Joyful Militancy: Building Thriving Resistance in Toxic Times*, Hg. Nick Montgomery und carla bergman (Chico, CA: AK Press, 2018).

Einführung

Jenseits unserer Haut sollte ursprünglich zur Beantwortung der Fragen dienen, die im Rahmen meiner drei Vorlesungen im Winter 2015 am *California Institute of Integral Studies* über die Bedeutung des Körpers und der Körperpolitik in der feministischen Bewegung der 1970er-Jahre und in meinen eigenen theoretischen Arbeiten entstanden waren. Diese Vorlesungen verfolgten unterschiedliche Ziele: den Beitrag hervorzuheben, den der Feminismus der 1970er zur Theorie des Körpers geleistet hat und der von neueren Generationen von Feminist*innen hochgradig unterschätzt wird; gleichzeitig die Einsicht zu betonen, dass es versäumt wurde, Strategien zu entwickeln, die die materiellen Lebensbedingungen von Frauen signifikant verändern könnten; und des Weiteren, den theoretischen Rahmen zu präsentieren, den ich in *Caliban und die Hexe* entwickelt habe, um die Ursprünge der Ausbeutungsformen zu untersuchen, denen Frauen in der Geschichte der kapitalistischen Gesellschaft unterworfen wurden.

In diesem Sinne sollte meine Präsentation der Auseinandersetzung mit den Lehren der Vergangenheit dienen. Die Diskussionen im Anschluss an die Vorlesungen warfen jedoch Fragen auf, die über den ursprünglichen Rahmen hinausgingen, was mich zu dem Entschluss brachte, den Horizont meiner Vorlesungen und dieses Buchs zu erweitern. Vier Fragen spielen in diesem Band die Hauptrolle. Erstens: Ist ›Frau‹ noch immer eine notwendige Kategorie für feministische Politik angesichts der unterschiedlichen Lebensgeschichten und Erfahrungen, die sich hinter diesem Etikett verbergen, oder sollten wir sie lieber verwerfen, wie Butler und andere poststrukturalistische Theoretiker*innen vorschlagen? Allgemeiner ausgedrückt, sollten wir jegliche politische Identität automatisch als fiktiv abtun und Einheiten vorziehen, die auf rein oppositionellen Grundlagen basieren? Wie sollen wir die neuen Reproduktionstechnologien einordnen, die uns versprechen, unsere physische Erscheinung zu restrukturieren und unsere Körper unseren Wünschen entsprechend umzugestalten? Geben uns diese Technologien mehr Kontrolle über unsere Körper oder verwandeln sie sie in Versuchsobjekte und Quellen des Profits für den kapitalistischen Markt und den medizinischen Sektor?

Mit Ausnahme von Teil Eins dreht sich das Buch um diese Fragen, wobei Teil Eins als Vorbereitung dient, da ich darin demonstrieren möchte, dass die feministische Bewegung der 1970er in erster Linie anhand ihrer Strategien und nicht ihres Gender-Standpunktes bewertet werden sollte. In diesem Sinne unterscheidet sich meine Sichtweise deutlich von der der Performanztheoretiker*innen, die die Frauenbefreiungsbewegung der 1970er eher für ihre vermeintliche Identitätspolitik als für ihre tatsächlich verfolgten politischen Strategien kritisieren.

In den 1990ern – zu Zeiten einer großen Krise des Feminismus aufgrund der Auswirkungen einer institutionellen Übernahme, des Eintritts von Frauen in männlich dominierte Berufe und einer wirtschaftlichen Umstrukturierung, die eine genderfluidere Arbeiterschaft erforderte – entwickelten sich poststrukturalistische Theorien, die postulierten, dass Körper und Gender die Produkte diskursiver Praxis und Performanz sind. Zweifellos besaßen sie damals – und für manche noch heute – ihren Reiz. Wenn ›Frau‹ jedoch als analytische/politische Kategorie abgeschafft wird, dann auch entsprechend der ›Feminismus‹, denn es fällt schwer, sich eine oppositionelle Bewegung ohne gemeinsam erlittene Ungerechtigkeit als Grundlage vorzustellen. Tatsächlich haben sowohl Arbeitgeber*innen sowie Gerichte nur allzu gern ihren Vorteil daraus gezogen, dass sich Feminist*innen auf die nicht reduzierbare Diversität unter Frauen beriefen, indem Sammelklagen wegen Diskriminierung von Arbeiterinnen (beispielsweise bei Walmart) als solche abgewiesen wurden und die Arbeiterinnen stattdessen gezwungen wurden, jeweils einzeln vor Gericht zu ziehen.[1] Wichtiger noch – wir können doch sicherlich Erfahrungen wie die Mutterschaft, Kindererziehung und soziale Unterordnung gegenüber Männern als gemeinsames Terrain des sozialen Kampfes der Frauen betrachten, selbst wenn sich daraus gegensätzliche Strategien entwickeln? Sind etwa alternative Identitäten wie

1 2013 wies der Oberste Gerichtshof der Vereinigten Staaten eine Sammelklage ab, die von weiblichen Mitarbeiterinnen Walmarts aufgrund von Diskriminierung beim Gehalt und den Arbeitsbedingungen eingereicht wurde. Die Begründung war, dass Frauen wegen ihrer Diversität keine eindeutige Gruppe bilden und somit die Walmart-Mitarbeiterinnen ihre Klagen einzeln einreichen müssten.

›homosexuell‹, ›trans‹ und ›queer‹ in geringerem Maße Fragmentierungen auf Grundlage von Klasse, ›Rasse‹[2], Herkunft und Alter ausgesetzt?

Ich schreibe diese Worte, nachdem ich die erstaunlichen Bilder aus den Straßen von Buenos Aires und anderen Teilen Argentiniens gesehen habe, wo sich seit Jahren Hunderttausende Frauen versammeln, trotz ihrer Unterschiedlichkeit und manchmal auch Uneinigkeit, um zu kämpfen – gegen Gewalt gegen Frauen, gegen die Verschuldung von Frauen und für das Recht auf Abtreibung – und um kollektive Entscheidungen zu treffen, die verändern, was es heißt, eine Frau zu sein. Was wären solche Kämpfe ohne die Anerkennung der ›Frau‹ als politisches Subjekt, als Identität, die natürlich umstritten ist, aber auch stetig neu definiert wird, was eine wichtige Rolle beim Aufbau einer Vision von der Welt, die wir erschaffen wollen, spielt?

Diese Argumentation entwickle ich im zweiten Teil des Buchs, wo ich meinen Standpunkt darlege, dass die Verleugnung jeglicher sozialen, politischen Identifikation die sichere Niederlage bedeutet. Dies bedeutet eine Verleugnung der Solidarität unter den Lebenden sowie mit den Toten und setzt in Wahrheit die Vorstellung von Menschen ohne Vergangenheit voraus. Ein weiterer ernüchternder Gedanke ist, dass jedes allgemeingültige Konzept einmal unter großen Differenzen entstanden ist. Wie können wir entschlossener von Liebe, Bildung und Tod sprechen als von Frauen, Männern und Trans, wenn wir Diversität als Ausschlusskriterium annehmen? Wir wissen zum Beispiel, dass die Liebe im antiken Griechenland oder Rom eine ganz andere Form hatte als die Liebe im Europa oder den USA des 20. Jahrhunderts oder Liebe in einem polygamen Kontext. Das hindert uns nicht daran, dieses und viele andere ähnlich konstruierte Konzepte zu benutzen, denn sonst wären wir zum Schweigen verdammt.

In Teil Zwei wird zudem die – nennen wir sie – Körperumgestaltungsbewegung untersucht, bei der sowohl technologische Innovationen als auch der medizinische Sektor eine große Rolle spielen. Hierbei liegt mein Ziel eher darin, zu betonen, was auf dem Spiel steht, und vor den indirekten Gefahren zu warnen, als die jeweiligen Praktiken zu kritisieren. Es gibt ein breites Spektrum an Körperumgestaltungen, von plastischer Chirurgie

2 Anmerkung der Übersetzerin: Der Begriff *race* wurde generell als »Rasse« in Anführungszeichen übersetzt, um zu betonen, dass die Bedeutung des Begriffs über biologistische Interpretationen hinausgeht und er sich in erster Linie auf Bevölkerungsgruppen bezieht, die im Zuge eines Rassifizierungsprozesses zu »Rassen« gemacht werden.

über Leihmutterschaft bis hin zur Geschlechtsumwandlung. Was jedoch in jedem dieser Fälle hervorsticht, sind die Macht und das Prestige, die medizinische Expert*innen durch ihre Verheißungen erlangt haben. Die Abhängigkeit von einer Institution mit einer so langen Geschichte der Kooperation mit dem Kapital und dem Staat sollte uns Sorgen bereiten. Die Geschichte sollte uns eines Besseren belehren.

Teil Drei enthält Artikel über die Rolle der Medizin und Psychologie bei der Organisation und Disziplinierung der Industriearbeiter*innen sowie der Frauen als Subjekte der Reproduktionsarbeit. In diesem Teil findet sich ebenfalls ein Rückblick auf die zur Zeit der Reagan-Ära aufkommenden Diskussionen darüber, wie die Arbeiterschaft, die für die Arbeit in neuen technologischen und extraterrestrischen Umgebungen benötigt wird, beschaffen sein muss. Der in »Mormon*innen im All« gespiegelte kapitalistische Traum von einem asketischen Arbeiter, der die Trägheit eines über Millionen von Jahren entwickelten Körpers überwindet und beispielsweise in Weltraumkolonien funktioniert, ist heute sehr lehrreich, da die Entwicklung der Künstlichen Intelligenz nach neuen Fähigkeiten und neu geformten Subjektivitäten verlangt. Momentan zeigt sich dieser Traum konkret in der Einpflanzung von Mikrochips ins Gehirn, was denjenigen, die es sich leisten können, ein Leben frei von Pässen und Schlüsseln ermöglicht. Doch es mehren sich bereits die Visionen von einer Zukunft, in der ausgewählte Personen geistig verstärkt werden, riesige Mengen von Erinnerungen speichern und mit enormer Geschwindigkeit denken können, sodass sie beispielsweise dazu fähig sind, ein Buch in einer halben Stunde durchzulesen. Indessen gehen auch die Experimente um das Zerteilen und Neuzusammensetzen unseres Körpers immer schneller voran und deuten auf eine Zukunft hin, in der Klone, Genmanipulation und Gentransfers – heute schon bei Tieren angewandt – fester Bestandteil der Medizin sein werden, was vermutlich dem Kapitalismus ermöglicht, zukünftig nicht nur unbelebte Waren zu produzieren, sondern auch neue Formen des menschlichen Lebens.

In diesem Sinne beginnt die Wiederaneignung unseres Körpers, unserer Selbstbestimmung über unsere körperliche Realität damit, dass wir die Kraft und Weisheit des Körpers anerkennen, des Körpers, wie wir ihn kennen, wie er über einen langen Zeitraum in beständiger Interaktion mit der Entwicklung unseres Planeten geformt wurde – ein Prozess, der jetzt zum großen Nachteil für unser Wohlergehen leichtfertig aufs Spiel gesetzt wird. »Gepriesen sei der tanzende Körper«, der abschließende Artikel des Buchs, den ich schrieb, nachdem ich einen Tanz der Choreografin Daria Fain über die Entstehung des Bewusstseins und der Sprache gesehen hatte, ist eine Ode an diese Kraft und Weisheit, die der Kapitalismus heute zerstören will. Meine Vision unterscheidet sich hier von Bachtins Konzept[3] des Pantagruelischen Körpers, wie ihn sich Rabelais[4] im 16. Jahrhundert erdacht hat. Dieser Körper geht über seine Haut hinaus, und zwar durch Einverleibung, indem er alles Essbare auf der Welt in einer Orgie des sinnlichen Vergnügens und der Befreiung von allen Hemmungen verschlingt. Von einem Über-sich-Hinausgehen spreche auch ich, jedoch von einem anders gearteten. Was der Körper nämlich jenseits seiner Haut vorfindet, ist kein kulinarisches Paradies, sondern eine magische Kontinuität mit den anderen lebendigen Organismen, die die Erde bevölkern: den Körpern der Menschen und Nicht-Menschen, den Bäumen, den Flüssen, den Meeren, den Sternen. Dieses Körperbild vereint, was der Kapitalismus entzweit hat. Es ist das Bild von einem Körper, der nicht länger als leibnizsche Monade ohne Fenster und Türen konstruiert ist, sondern sich im Einklang mit dem Kosmos bewegt, in einer Welt, in der Diversität für alle einen Reichtum darstellt und eine Grundlage für Gemeinschaftlichkeit, anstatt eine Quelle der Spaltung und Feindseligkeit.

3 Anmerkung der Übersetzerin: Michail Michailowitsch Bachtin (1895–1975) war ein russischer Literaturwissenschaftler und Kunsttheoretiker.

4 Anmerkung der Übersetzerin: François Rabelais (ca. 1494/1483–1553) war ein französischer Schriftsteller der Renaissance, Humanist, römisch-katholischer Ordensbruder und praktizierender Arzt. Gargantua und Pantagruel sind die Hauptfiguren in seinem aus fünf Bänden bestehenden, erfolgreichen gleichnamigen Romanzyklus.

Teil Eins

EINS

Erste Vorlesung
Körper, Kapitalismus und die Reproduktion der Arbeitskraft

Der Körper steht heutzutage zweifellos im Fokus des politischen, fachlichen und wissenschaftlichen Diskurses. In jedem dieser Felder versucht man, seine wesentlichen Eigenschaften und Möglichkeiten neu zu definieren. Er ist die Sphinx, die es auf dem Weg zum gesellschaftlichen und persönlichen Wandel zu befragen und deren Antworten es zu befolgen gilt. Dennoch ist es beinahe unmöglich, auf Grundlage der vorherrschenden Theorien der intellektuellen und politischen Arena eine kohärente Sichtweise auf den Körper zu artikulieren. Auf der einen Seite stehen die extremsten Formen des biologischen Determinismus, in welchen die DNA als Deus absconditus (der verborgene Gott) gilt, der angeblich hinter unserem Rücken über unser physiologisches und psychologisches Leben bestimmt. Auf der anderen Seite stehen (feministische, Trans-)Theorien, die uns dazu anhalten, alle ›biologischen‹ Faktoren zugunsten von performativen oder textuellen Repräsentationen des Körpers zu verwerfen und die wachsende Assimilation mit der Welt der Maschinen als grundlegend für unser Dasein zu akzeptieren.

Selten findet sich jedoch ein Standpunkt, von dem aus man die sozialen Kräfte analysieren kann, die unseren Körper beeinflussen. Mit beinahe religiöser Obsession beschränken Biolog*innen den Bereich der relevanten Aktivität auf eine mikroskopisch kleine Welt von Molekülen, die ebenso mysteriös verfasst ist wie die Erbsünde. Ihnen zufolge sind wir, wenn wir auf die Welt kommen, bereits befleckt von, anfällig für, prädestiniert für oder verschont von Krankheiten, denn alles liegt in der DNA, die uns ein unbekannter Gott zugeteilt hat. Auch die diskursiven/performativen Körpertheorien schweigen zur sozialen Grundlage, auf der Ideen über den Körper und Körperpraktiken entwickelt werden. Vielleicht wird befürchtet, dass uns die Suche nach einer einheitlichen Basis die Augen davor verschließen könnte, dass unsere Körper auf unterschiedliche Art und Weise unsere Identitäten und Machtverhältnisse artikulieren. Des Weiteren gibt es die Tendenz, angeführt von Foucault, die ›Auswirkungen‹ statt der Ursachen der Kräfte zu untersuchen, die auf unsere Körper einwirken. Ohne eine Rekonstruktion des Kraftfeldes, in dem sie sich bewegen, bleiben unsere Körper jedoch zwangsläufig unverständlich oder erzeugen mystifizierende Vorstellungen über ihre Operationen. Wie können wir beispielsweise über ›die Binarität‹ hinausdenken, ohne ein Verständnis ihrer ökonomischen, politischen und sozialen Funktion innerhalb bestimmter Ausbeutungssysteme oder auch der Kämpfe, durch welche Gender-Identitäten kontinuierlich transformiert werden? Wie können wir von der ›Performativität‹ unseres Geschlechts, unserer ›Rasse‹ oder unseres Alters sprechen, ohne den Zwang anzuerkennen, der durch bestimmte Formen der Ausbeutung und Strafe entsteht?

Wir müssen die Welt der gegensätzlichen Politiken und Machtverhältnisse, denen unser Körper unterliegt, erkennen und die Kämpfe gegen die ›Norm‹ überdenken, um Strategien für einen Wandel zu entwickeln.

Dieser Arbeit habe ich mich in *Caliban und die Hexe* (2004, dt. 2017) gewidmet. Darin habe ich untersucht, wie der Übergang zum Kapitalismus das Konzept von und den Umgang mit ›dem Körper‹ veränderte,[1] unter der Prämisse, dass eines der Hauptprojekte des Kapitalismus die *Verwandlung unserer Körper in Arbeitsmaschinen* war. Daraus folgt, dass die Notwendigkeit, die Ausbeutung der lebendigen Arbeitskraft zu maximieren, auch durch die Differenzierung der Arbeits- und Zwangsformen, mehr als alles andere unsere Körper in der kapitalistischen Gesellschaft geformt hat. Dieser Ansatz steht bewusst im Gegensatz zu Foucault,[2] der das disziplinäre Regime, dem der Körper zu Beginn der ›Moderne‹ unterworfen wurde, in dem Wirken einer metaphysischen ›Macht‹ verortet, welche in ihren Absichten und Zielen nicht näher identifiziert wird.[3]

1 Ich setze ›den Körper‹ in Anführungszeichen, um auf den fiktionalen Charakter dieses Konzeptes hinzuweisen, als Abstraktion verschiedener, einzigartiger gesellschaftlicher Geschichten und Realitäten

2 Siehe Foucaults *Überwachen und Strafen: Die Geburt des Gefängnisses* (1995).

3 Hier möchte ich die Kritik an Foucaults Analyse der »politischen Ökonomie des Körpers« erwähnen, die Dario Melossi in *The Prison and the Factory* (1981), S. 44–45, formuliert. Übersetzung aus dem englischen Original:
»Diese bourgeoise *Konstruktion* des Körpers in der Schule, den Kasernen, dem Gefängnis und der Familie bleibt vollkommen unbegreiflich [ ], es sei denn, wir beginnen bei der kapitalistischen Verwaltung des Arbeitsprozesses (und *zu diesem Zeitpunkt* der Geschichte des Kapitalismus). Diese hatte sich zum Ziel gemacht, den Körper als Maschine innerhalb der gesamten Produktionsmaschine zu strukturieren,

Im Gegensatz zu Foucault vertrete ich die Ansicht, dass es nicht eine, sondern mehrere Geschichten des Körpers gibt, damit meine ich mehrere Geschichten der Mechanisierung des Körpers, da die Hierarchien entlang von ›Rasse‹, Geschlecht und Generation, die der Kapitalismus von Beginn an konstruiert hat, die Möglichkeit eines universalen Standpunktes ausschließen. Folglich muss die Geschichte ›des Körpers‹ die Geschichten derer zusammenweben, die versklavt, kolonisiert, in Lohnarbeiter*innen oder unbezahlte Hausfrauen verwandelt wurden, wie auch die Geschichten der Kinder, wobei diese Kategorisierungen sich wohlgemerkt überschneiden und wir uns bewusst machen müssen, dass unsere Abhängigkeit von ›ineinandergreifenden Herrschaftssystemen‹ stets eine neue Realität hervorbringt.[4] Ich möchte noch ergänzen, dass wir ebenso eine Geschichte des Kapitalismus aus der Sicht der Tierwelt und natürlich der Länder, Meere und Wälder brauchen.

Wir müssen ›den Körper‹ aus all diesen Perspektiven betrachten, um die Dimensionen des Krieges zu begreifen, den der Kapitalismus gegen Mensch und ›Natur‹ führt, und Strategien entwickeln zu können, mit denen sich diese Zerstörung beenden lässt. Diese Formulierung soll keine idealisierte Idee von einer vollkommenen ursprünglichen ›Natur‹ vermitteln. Sie soll vielmehr den Ausnahmezustand verdeutlichen, in dem wir aktuell leben, und hinterfragen, welche Vorteile wir in einer Zeit, in der die eigene Körpermodellierung als Weg zum gesellschaftlichen Empowerment und zur Selbstbestimmung gilt, aus Politiken und Technologien ziehen können, die nicht von unten kontrolliert werden. Bevor wir unsere Verwandlung in Cyborgs zelebrieren, sollten wir besser über die gesellschaftlichen Konsequenzen des Mechanisierungsprozesses nachdenken, den wir bereits durchlaufen haben.[5] Es ist doch naiv, zu glauben, dass unsere Symbiose mit Maschinen

somit behandelt die Organisation der Arbeit den Körper also nicht als etwas Externes, vielmehr *dringt sie durch* den Körper in die Muskeln und in den Kopf hinein und ordnet diesen fundamentalen Teil ihrer selbst, den die Arbeitskraft des Körpers darstellt, im Einklang mit dem Produktionsprozess neu. Zusammengefasst lässt sich sagen, dass in der heutigen Zeit die Maschine eine Erfindung ist, die aus zwei Teilen besteht, einem toten, anorganischen, festen Element und einem lebendigen, organischen, variablen.«

4 Das Konzept der ineinandergreifenden Herrschaftssysteme – ein zentrales Element der Intersektionalitätstheorie – stammt von bell hooks (1990, dt. 1996). Ebenso hooks (1989), S. 175.

5 Ich beziehe mich hier auf Donna Haraways Aufsatz »Cyborg Manifesto« (1991), den ich sowohl in theoretischer als auch politischer Hinsicht sehr problematisch finde.

unweigerlich zu einer Erweiterung unserer Kräfte führt, ohne die Zwänge zu berücksichtigen, denen die Technologie unser Leben unterwirft, sowie deren zunehmende Nutzung als Mittel der gesellschaftlichen Kontrolle oder die ökologischen Kosten ihrer Produktion.[6]

Der Kapitalismus behandelt unsere Körper wie Arbeitsmaschinen, weil er als Gesellschaftssystem die menschliche Arbeitskraft am systematischsten zur Essenz der Akkumulation des Wohlstands gemacht hat und somit ihre Ausbeutung am dringendsten maximieren musste. Das geschah auf vielfältige Weise: durch die Durchsetzung von intensiveren und einheitlicheren Arbeitsformen sowie unterschiedlicher Disziplinarregimes und -institutionen oder durch Terror und Rituale der Erniedrigung. Exemplarisch dafür sind die Insassen der niederländischen Arbeitshäuser im 17. Jahrhundert, die gezwungen wurden, mit den rückständigsten und mühevollsten Mitteln Holzblöcke zu zermahlen, ohne dass es einem anderen Zweck gedient hätte, als ihnen Gehorsam einzutrichtern und sie ihre Machtlosigkeit in jeder Faser ihres Körpers spüren zu lassen.[7]

Ein weiteres Beispiel für die entwürdigenden Rituale, die eingesetzt wurden, um den menschlichen Widerstandswillen zu brechen, sind die Praktiken der südafrikanischen Ärzte zu Beginn des 20. Jahrhunderts im Umgang mit den Afrikaner*innen, die zur Arbeit in den Goldminen bestimmt waren (Butchart 1998, S. 92–110). Im Zuge vorgeblicher ›Hitzeverträglichkeitstests‹ oder ›Auswahlverfahren‹ wurden afrikanische Arbeiter*innen angewiesen, sich nackt auszuziehen, in Reih und Glied aufzustellen, Geröll zu schaufeln und sich dann Röntgenuntersuchen oder Messungen des Körperumfangs und -gewichts zu unterziehen, all das unter den Augen der Mediziner*innen, die für die Testpersonen oft im Verborgenen blieben (S. 94, 97, 100). Ziel des Ganzen war es wohl, den künftigen Arbeiter*innen die Überlegenheit der Bergbauindustrie zu demonstrieren und die Afrikaner*innen in ein Leben einzuführen, in welchem sie »jeglicher Menschenwürde beraubt« (S. 94) sein würden.

Zur selben Zeit machten die Zeit- und Bewegungsstudien des Taylorismus – welche später in der Fließbandarbeit mündeten – die Mechanisierung des Arbeiterkörpers zu einem wissenschaftlichen Projekt und zwar durch die Fragmentierung und Atomisierung von Aufgaben, die Verban-

6 Zur Nutzung der Technologie für Zwecke der Überwachung und Kontrolle siehe R. Benjamin, Hg., *Captivating Technologies* (2019).

7 Siehe Melossi und Pavarini (1981).

nung jeglicher Entscheidungsbefugnis aus dem Arbeitsprozess und vor allem die Entkoppelung der Arbeit von jeglichem Wissen und sämtlichen Motivationsfaktoren.[8] Der Automatismus war jedoch auch die Folge eines Arbeitslebens nie endender Wiederholungen, der Existenz in einer »Geschlossenen Gesellschaft«[9], im Nine-to-five-Rhythmus einer Fabrik oder eines Büros, wo selbst die Urlaubszeiten durch ihre Einschränkungen und Berechenbarkeit zur mechanisierten Routine geworden sind.

Foucault hatte jedoch recht: Die ›Repressionshypothese‹ reicht nicht aus, um die Geschichte des Körpers im Kapitalismus zu erklären.[10] Von ebenso großer Bedeutung wie das, was unterdrückt wurde, waren die ›Fähigkeiten‹, die sich entwickelten. In seinem Handbuch der Volkswirtschaft (1905 [1890]) feierte der britische Ökonom Alfred Marshall die Fähigkeiten, die die kapitalistische Disziplin in der industriellen Arbeiterschaft hervorgebracht hatte, und erklärte, dass nur wenige Bevölkerungen auf der Welt zu dem fähig waren, was europäische Arbeiter*innen damals leisteten. Er pries die ›allgemeinen Fähigkeiten‹ der Industriearbeiter*innen, kontinuierlich zu arbeiten, stundenlang, an derselben Aufgabe, sich alles zu merken, zu wissen, welche Aufgabe nach der aktuellen kommt, mit Werkzeug zu arbeiten, ohne es zu beschädigen, ohne Zeit zu verschwenden, mit teuren Gerätschaften vorsichtig umzugehen und selbst die monotonsten Arbeiten beharrlich zu verrichten. Das, so befand er, seien einzigartige Fähigkeiten,

8 Zu diesem Thema siehe H. Braverman (1977), vor allem die Kapitel 4, »Wissenschaftliche Betriebsführung«, und 8, »Die wissenschaftlich-technische Revolution und der Arbeiter«.

9 Dies ist eine Anspielung auf das Drama von Jean-Paul Sartre von 1944, in dem die Hölle als eine Art persönliches Gefängnis dargestellt wird, zu dem wir verurteilt sind, wenn wir uns nicht von den Lasten unserer früheren Taten befreien können.

10 Mit der »Repressionshypothese« bezieht sich Foucault auf die Tendenz der Historiker*innen, die Auswirkungen des Kapitalismus auf das Sozialleben und die Disziplin lediglich im repressiven Sinne zu beschreiben. Er jedoch argumentiert, dass eine wichtige Entwicklung des Kapitalismus der Wandel im Umgang mit Sex, die »diskursive Explosion«, ja gar die Transformation von Sex in Diskurs gewesen sei, wodurch sich »die juristischen Verurteilungen der kleinen Perversionen vermehrt« hätten, *Sexualität und Wahrheit 1*, S. 23, 41. Während ich Foucaults Gewichtung des »diskursiven Wandels«, durch den Sex in ein immaterielles Gut verwandelt wurde, als zwar brillant, aber reduktiv ansehe, stimme ich seinen Ansichten über den produktiven Charakter sozialer Disziplin und sogar sozialer Repression zu. Die Psychodynamik scheint einem ähnlichen Gesetz wie dem zur Erhaltung von Energie zu unterliegen, wonach das Verbot bestimmter Verhaltensweisen kein Vakuum hervorbringt, sondern ersetzende und kompensierende Reaktionen, zu denen unter anderem die Übersetzung unterdrückter Lust in »Diskurs« gehört.

die wenige Menschen auf der Welt besäßen, wodurch er zeigte, dass aus seiner Sicht scheinbar unqualifizierte Arbeit eigentlich hochqualifiziert sei (Marshall 1905 [1890], S. 241).

Marshall verriet nicht, wie solch wundersame, roboterähnliche Arbeiter*innen erschaffen wurden. Er verlor kein Wort darüber, dass dafür Menschen von ihrem Land getrennt und mit exemplarischen Folterungen und Exekutionen terrorisiert werden mussten. Vagabund*innen wurden die Ohren abgeschnitten. Prostituierte wurden Opfer von ›Waterboarding‹, derselben Foltermethode, der die CIA und das US-Militär jene unterziehen, die sie des ›Terrorismus‹ beschuldigen. An einen Stuhl gefesselt, wurden Frauen, denen man unanständiges Verhalten vorwarf, in Teiche und Flüsse getaucht, bis sie fast ertranken. Versklavte wurden ausgepeitscht, bis sich das Fleisch von den Knochen löste, wurden verbrannt, verstümmelt und unter der sengenden Sonne liegen gelassen, bis ihre Körper verwesten.

Wie ich in *Caliban und die Hexe* dargelegt habe, wurde im Zuge des sich entwickelnden Kapitalismus nicht nur das kollektive Land ›eingehegt‹, sondern auch der Körper. Dieser Prozess war unterschiedlich für Männer und Frauen, genauso wie für jene, die für die Versklavung bestimmt waren, und jene, die andere Formen der Zwangsarbeit ausführen mussten, einschließlich der Lohnarbeit.

In der Entwicklung des Kapitalismus durchlitten Frauen einen doppelten Mechanisierungsprozess. Sie wurden nicht nur der Disziplin unbezahlter oder bezahlter Arbeit auf Plantagen, in Fabriken und Haushalten unterworfen, sondern auch von ihren Körpern enteignet und in Sexobjekte und Gebärmaschinen verwandelt.

Kapitalistische Akkumulation bedeutet (wie Marx feststellte) die Akkumulation von Arbeiter*innen.[11] Das war die treibende Kraft hinter dem Handel mit Versklavten, der Entstehung des Plantagensystems und – meiner Argumentation nach – der Hexenverfolgung in Europa und der ›Neuen Welt‹.[12] Im Zuge der ›Hexen‹-Verfolgung wurden Frauen, die ihre Reproduktionsfähigkeit zu kontrollieren wünschten, als Kinderfein-

11 Siehe z.B. *Das Kapital*, Erstes Buch, Siebenter Abschnitt, 23. Kapitel: »Die Reproduktion der Arbeitskraft, die sich dem Kapital unaufhörlich als Verwertungsmittel einverleiben muß, [ ], bildet in der Tat ein Moment der Reproduktion des Kapitals selbst.« *Akkumulation des Kapitals ist also Vermehrung des Proletariats.* (kursive Hervorhebung eigene Ergänzung)

12 Federici (2004, dt. 2017), insbesondere Kapitel 4.

dinnen denunziert und auf unterschiedlichste Weise verteufelt, was bis heute anhält. Im 19. Jahrhundert wurden Vertreterinnen der ›freien Liebe‹, wie zum Beispiel Victoria Woodhull, in der US-amerikanischen Presse als satanisch gebrandmarkt und mit Teufelsflügeln abgebildet (Poole 2009). Noch heute müssen sich Frauen in vielen US-Staaten auf dem Weg zu einer Abtreibungsklinik durch Massen von ›Lebensrechtler*innen‹ kämpfen, die ihnen »Kindesmörderin« zurufen und sie, dank einer Entscheidung des Obersten Gerichts,[13] bis zur Eingangstür verfolgen dürfen.

Nirgendwo sonst war der Versuch, weibliche Körper auf Maschinen zu reduzieren, so systematisch, brutal und normalisiert wie in der Versklavung. Nachdem England 1807 den Handel mit Versklavten verbot, waren weibliche Versklavte in den USA ständigen sexuellen Übergriffen ausgesetzt und mussten unter unerträglichen Schmerzen mit ansehen, wie ihre Kinder als Versklavte weiterverkauft wurden. Sie wurden zur Fortpflanzung gezwungen, um eine Zuchtindustrie am Laufen zu halten, die ihr Zentrum in Virginia hatte.[14] »Während die Webmaschinen in Lancashire all die Baumwolle aufsaugten, die der Süden produzieren konnte«, schreiben Ned und Constance Sublette, »stellten weibliche Gebärmütter nicht nur eine Quelle lokalen Reichtums dar, sondern waren auch Lieferanten in einem globalen System des Einsatzes landwirtschaftlicher Mittel, versklavter Industrie und der finanziellen Expansion« (Sublette und Sublette 2016, S. 414). Thomas Jefferson unternahm erfolgreich große Anstrengungen, damit der US-Kongress den Import von Versklavten aus Afrika beschränkte, um den Handelswert der auf den Plantagen in Virginia geborenen Versklavten zu schützen. »In meinen Augen ist eine Frau«, schrieb er, »die alle zwei Jahre

13 Im Juni 2014 kippte der Oberste Gerichtshof ein Gesetz in Massachusetts zum Verbot von Demonstrationen innerhalb einer Schutzzone von 35 Fuß (10,7 Meter) um Abtreibungskliniken. Die Folge dieser Entscheidung ist, dass Frauen nun bis zur Klinik eskortiert werden müssen, da die Demonstrant*innen das Recht haben, ihnen bis zur Eingangstür zu folgen, und währenddessen eine extrem einschüchternde und belastende Atmosphäre kreieren.

14 Siehe Sublette und Sublette (2016) sowie Beckles (1989), insbesondere Kapitel 5, »Breeding Wenches and Labor Supply Policies«. War in den USA Virginia das Zentrum der Zucht von Versklavten, so war es auf den Karibischen Inseln Barbados, »die einzige Zuckerplantagenkolonie, die sich bis 1807 von den Importen von Versklavten aus Afrika unabhängig machte, da sie ein natürliches Wachstum des Bestandes an Versklavten aufwies« (Beckles 1989, S. 91). Beckles schreibt auch, dass sich im 18. Jahrhundert die »Zucht« der Versklavten »zu einer populären Politik entwickelte und der Begriff sich in der Wirtschaftssprache im Bereich des Arbeitskräfteangebots etablierte« (S. 92).

ein Kind auf die Welt bringt, profitabler als der beste Mann auf der Farm. Was sie produziert, vermehrt das Kapital, wohingegen seine Arbeitskraft in bloßem Konsum verschwindet« (S. 416).

Obwohl in der Geschichte der USA keine Gruppe von Frauen außer den Versklavten je direkt zum Kinderkriegen gezwungen wurde, wurden durch die Kriminalisierung der Abtreibung die unfreiwillige Fortpflanzung und die staatliche Kontrolle über den weiblichen Körper institutionalisiert. Die Erfindung der Antibabypille hat diese Situation nicht maßgeblich verändert. Selbst in Ländern, wo die Abtreibung legalisiert wurde, ist sie mit Restriktionen verbunden, die vielen Frauen den Zugang erschweren.[15] Das liegt daran, dass die Fortpflanzung einen wirtschaftlichen Wert besitzt, der in keinster Weise durch die steigende technologische Leistungsfähigkeit des Kapitals gemindert wird. Es ist eine irreführende Annahme, dass das Interesse der kapitalistischen Klasse an der Kontrolle über die Reproduktionsfähigkeit der Frau durch die Möglichkeit, Arbeiter*innen durch Maschinen zu ersetzen, sinken würde. Abgesehen von der Tendenz, Arbeiter*innen austauschbar zu machen und ›Überbevölkerungen‹ zu schaffen, benötigt die Kapitalakkumulation noch immer menschliche Arbeitskraft. Arbeitskraft generiert Mehrwert, Maschinen nicht. Das Wachstum der technologischen Produktion, so schrieb kürzlich Danna (2019, S. 208 ff.), werde durch soziale Ungleichheit und die massive Ausbeutung der Arbeiter*innen in der ›Dritten Welt‹ ermöglicht. Das, was verloren geht, ist die Entschädigung für Arbeit, die früher bezahlt war, nicht jedoch die Arbeit selbst. Der Kapitalismus braucht Arbeiter*innen, genauso wie Konsument*innen und Soldat*innen. Daher ist die Bevölkerungsgröße noch immer von großer politischer Bedeutung. Und deshalb werden – wie Jenny Brown in *Birth Strike* (2018) zeigt – Abtreibungen beschränkt. Die Kontrolle über den weiblichen Körper ist für die kapitalistische Klasse so wichtig, dass, wie wir bereits gesehen haben, in den USA, wo Abtreibungen in den 1970er-Jahren legalisiert wurden, die Versuche, diesen Beschluss wieder rückgängig zu machen, bis heute andauern. In anderen Ländern, beispielsweise Italien, erlaubt eine Gesetzeslücke Ärzt*innen die Verwei-

15 In den USA wurden im Laufe der Jahre in vielen Staaten Restriktionen eingeführt, die den möglichen Zeitraum der Abtreibung einschränken oder sie von der elterlichen Zustimmung abhängig machen. Momentan gibt es Bestrebungen, Abtreibungen ganz zu verbieten. Die vom Senat in Alabama am 14. Mai 2019 verabschiedete Richtlinie zum Verbot von Abtreibungen ist bloß ein Beispiel dafür.

gerung von Schwangerschaftsabbrüchen aus Gewissensgründen, was dazu führt, dass in manchen Regionen Frauen keinen einzigen Arzt finden, der Abtreibungen durchführt.

Die Kontrolle über den weiblichen Körper war stets nicht nur eine quantitative Angelegenheit. Staat und Kapital haben schon immer versucht, zu bestimmen, wer sich fortpflanzen darf und wer nicht. So kommt es, dass das Recht auf Abtreibung eingeschränkt und gleichzeitig die Schwangerschaft dort kriminalisiert wird,[16] wo ›Störenfriede‹ als Nachkommen erwartet werden. Es ist kein Zufall, dass zum Beispiel in den 1970ern bis 1990ern, als neue Generationen von Afrikaner*innen, Inder*innen und anderer dekolonisierter Bürger*innen das wahlfähige Alter erreichten und eine Entschädigung für den Reichtum forderten, den die Europäer*innen ihren Ländern geraubt hatten, in den ehemaligen Kolonien eine großangelegte Kampagne zur Eindämmung der sogenannten ›Bevölkerungsexplosion‹ aufgelegt wurde (Hartmann 1995, S. 189–91). Sterilisationen und Verhütungsmittel wurden propagiert, wie etwa Depo Provera, Norplant oder Spiralen, die, einmal eingesetzt, nicht mehr von der Trägerin kontrolliert werden können.[17] Durch die Sterilisation von Frauen in den ehemaligen Kolonien versuchte das internationale Kapital, einen weltweiten Kampf um

16 Diese Formulierung verwenden Lynn Paltrow, Gründerin und Vorsitzende der Organisation für die Rechte schwangerer Frauen (*National Advocates for Pregnant Women*), und Jeanne Flavin in ihrer Studie aus dem Jahr 2013, um die US-Politik zur Regulierung von Schwangerschaften zu beschreiben, welche vor allem mittellose Schwarze Frauen trifft (Paltrow und Flavin 2013, S. 299–343). Die aktuelle Rechtslage sehe so aus – schreiben sie –, dass sich arme Schwarze Frauen durch die Entscheidung, ein Kind zu bekommen, außerhalb der Verfassungsgrenzen begeben und zu Opfern von Anklagen würden, die unter anderen Umständen niemals als Gesetzesverstöße angesehen würden. Frauen seien beispielsweise verhaftet und inhaftiert worden, weil sie schwanger in einen Autounfall geraten seien oder Medikamente zu sich genommen hätten, die angeblich dem Fötus schadeten. Ein Wendepunkt in dieser Entwicklung stellte das Urteil des South Carolina Supreme Court 2003 dar, in dem eine Frau des Mordes und Kindesmissbrauchs schuldig gesprochen wurde, weil sie eine Totgeburt erlitt, nachdem sie mutmaßlich während der Schwangerschaft Drogen konsumiert hatte. In Folge dieser Entscheidung wurden Hunderte Frauen für den Konsum illegaler Drogen während der Schwangerschaft des Kindesmissbrauchs angeklagt, da Fötusse in einigen Fällen von Rechts wegen als Personen definiert wurden. Zu diesem Thema siehe auch die Webseite »Feminist Research on Violence« / »Plataforma Feminista sobre Violencias« https://feministresearchonviolence.org.

17 Zu diesem Thema siehe wiederum Hartmann (1995), insbesondere Kapitel 3 »Contraceptive Controversies«, und Connelly (2008).

Wiedergutmachung zu ersticken; genauso wie eine US-Regierung nach der anderen versuchte, den Freiheitskampf der Afroamerikaner*innen durch die Inhaftierung Millionen junger Schwarzer[18] Männer und Frauen zu stoppen.

Wie jede andere Form der Reproduktion ist auch die Fortpflanzung eindeutig eine Frage der Klasse und ›Rasse‹. Nur wenige Frauen auf der Welt können heute frei entscheiden, ob sie Kinder haben möchten und unter welchen Bedingungen. Wie Dorothy Roberts so eindrücklich in *Killing the Black Body* ([1997] 2017) zeigt, wird der Kinderwunsch weißer, wohlhabender Frauen heutzutage auf die Ebene eines bedingungslosen Grundrechts gehoben, das um jeden Preis garantiert werden muss, während Schwarze Frauen, die über weniger finanzielle Sicherheiten verfügen, geächtet und bestraft werden, wenn sie ein Kind bekommen. Die Diskriminierung, die so viele Schwarze, migrantische, proletarische Frauen auf ihrem Weg zur Mutterschaft erfahren, sollte jedoch nicht als Zeichen dafür gedeutet werden, dass der Kapitalismus nicht länger am demografischen Wachstum interessiert sei. Wie bereits zuvor argumentiert, kommt der Kapitalismus nicht ohne Arbeiter*innen aus. Die Fabrik ohne Arbeiter*innen ist ein ideologisches Trugbild, das den Arbeiter*innen Angst einjagen soll. Würde die Arbeitskraft aus dem Produktionsprozess verschwinden, würde der Kapitalismus vermutlich zusammenbrechen. Bevölkerungswachstum stellt an sich bereits einen wirtschaftlichen Wachstumsfaktor dar; so kann es folglich keinem Sektor des Kapitals egal sein, ob Frauen sich für oder gegen die Fortpflanzung entscheiden.

Diese Argumentation wird eindrücklich von Jenny Brown im bereits zitierten *Birth Strike* dargelegt, wo sie gründlich das Verhältnis von Fortpflanzung und jeglichem Aspekt des ökonomischen und sozialen Lebens analysiert und überzeugend demonstriert, dass die weltweit sinkende Geburtsrate, die sie als stummen Streik interpretiert, den Politiker*innen Sorgen bereitet. Brown schlägt vor, dass sich Frauen diese Besorgnis bewusst zunutze machen sollten, um bessere Lebens- und Arbeitsbedingungen auszuhandeln. Mit anderen Worten bedeutet das, dass wir unsere Repro-

18 Anmerkung der Übersetzerin: »Schwarz« wurde in Bezug auf als »Schwarz« identifizierte Menschen, deren Gemeinden, Organisationen usw. durchgehend groß geschrieben. Dabei folge ich der in linken und antirassistischen Kreisen gängigen Praxis, die politische Deutung und Selbstaneignung des Begriffs zu betonen.

duktionsfähigkeit *als politisches Machtinstrument* nutzen sollten.[19] Das klingt verlockend. Die Vorstellung klingt verlockend, dass Frauen offen in einen Geburtenstreik treten und zum Beispiel erklären: »Wir werden keine Kinder mehr in diese Welt setzen, bis sich die Bedingungen, die sie erwarten, drastisch verändert haben.« Ich betone: ›offen‹, weil eine breite, jedoch stumme Verweigerung der Fortpflanzung bereits stattfindet, wie Brown dokumentiert. Der weltweite Rückgang der Geburtenraten, der in Ländern wie Italien und Deutschland seit Beginn der Nachkriegszeit seinen Höhepunkt erreicht hat, deutet auf einen solchen Reproduktionsstreik hin. Auch in den USA sinkt die Geburtenrate seit einiger Zeit. Frauen bekommen heute weniger Kinder, weil das weniger Hausarbeit, weniger Abhängigkeit vom Mann oder Job bedeutet, weil sie ihr Leben nicht ausschließlich mütterlichen Pflichten widmen wollen oder nicht den Wunsch hegen, sich fortzupflanzen, und weil sie, vor allem in den USA, mehr Zugang zu Verhütungsmitteln und Schwangerschaftsabbrüchen haben.[20] Die Organisation eines solchen Streiks ist jedoch nur schwer denkbar. Viele der geborenen Kinder sind nicht geplant oder gewollt. Zudem stellen Kinder in vielen Ländern für ihre Mütter eine Versicherung für die Zukunft dar. In Ländern ohne soziale Absicherung oder Rentensystem sind Kinder die einzige Überlebenschance und manchmal die einzige Möglichkeit, Land zu besitzen oder gesellschaftliche Anerkennung zu erfahren. Kinder können auch eine Quelle der Freude sein, oftmals der einzige Reichtum einer Frau. Unsere Aufgabe ist also nicht, Frauen zu sagen, sie sollten keine Kinder bekommen, sondern sicherzustellen, dass sie selbst darüber entscheiden können und dass die Mutterschaft uns nicht das Leben kostet.

Die soziale Macht, die die Mutterschaft Frauen potenziell verleiht, ist ein plausibler Grund dafür, dass Ärzt*innen, unter dem Deckmantel des Kampfes gegen Unfruchtbarkeit, danach streben, Leben außerhalb des Uterus zu reproduzieren. Das ist keine leichte Aufgabe. Trotz der berüchtigten ›Retortenbabys‹, bleibt die ›Ektogenese‹ eine medizinische Utopie. In-vitro-Fertilisationen (IVF), Gentests und andere reproduktive

19 Jenny Brown (2018), S. 153, und zum selben Thema siehe auch Kapitel 11: »Controlling the Means of Reproduction« (S. 143–60).

20 Jenny Brown (2018), S. 144. Brown legt dar, dass der schwierige Zugang zu Verhütung und Abtreibung die wahre Ursache dafür ist, dass die Geburtenrate in den USA bis vor Kurzem höher lag. Sie führt an, dass 2011 45 Prozent der Geburten in den USA ungeplant waren, im Sinne von ungewollt oder zum falschen Zeitpunkt.

Technologien ebnen jedoch den Weg zur künstlichen Gebärmutter. Manche Feminist*innen mögen das gutheißen. In den 1970ern wünschten sich Feminist*innen wie Shulamith Firestone den Tag herbei, an dem die Frauen von der Fortpflanzung befreit werden, welche sie als Ursache einer Geschichte der Unterdrückung betrachteten.[21] Das ist jedoch ein gefährlicher Standpunkt. Da der Kapitalismus schließlich ein ungerechtes, ausbeuterisches Gesellschaftssystem ist, bereitet es Sorgen, wenn man bedenkt, dass kapitalistische Planer*innen in Zukunft dazu fähig sein könnten, sich die Art von Menschen zu produzieren, die sie benötigen. Diese Gefahr sollte nicht unterschätzt werden. Selbst ohne genetische Veränderung sind wir alle bereits Mutant*innen, beispielsweise dazu fähig, tagtäglich im Wissen um all das Elend um uns herum unser normales Leben zu leben, ungeachtet der Zerstörung unserer Umwelt oder des Dahinsiechens der vielen Menschen, die auf unseren Straßen leben und an denen wir ständig vorbeigehen, ohne Gedanken oder Emotionen an sie zu verschwenden. Die Bedrohung ist nicht, dass die Maschinen die Macht übernehmen, sondern dass wir selbst zu Maschinen werden. Wir brauchen also keine weiteren roboterähnlichen Individuen, die von einer neuen Zuchtindustrie hergestellt werden, diesmal in medizinischen Laboren.

Wie die Generation von Feminist*innen, zu der ich gehöre, nachdrücklich versucht hat klarzustellen, ist die Mutterschaft kein vorgefertigtes Schicksal. Sie ist jedoch auch nichts, was programmatisch vermieden werden sollte, als sei sie die Ursache für das Elend und die Ausbeutung der Frau. Ebenso wenig wie das physische Vorhandensein eines Uterus oder einer Brust stellt die Gebärfähigkeit einen Fluch dar – einen, von dem uns eben jene Medizin befreien sollte, die uns sterilisiert, der Lobotomie unterworfen und verspottet hat, als wir im Kindbett vor Schmerzen schrien. Die Mutterschaft ist auch kein Gender-performativer Akt. Sie sollte vielmehr als politische, Werte setzende Entscheidung verstanden werden. In einer

21 In *Frauenbefreiung und sexuelle Revolution* (1975) spricht sich Firestone für die Befreiung der Frauen von der Tyrannei ihrer reproduktiven Biologie aus, jedoch als Projekt einer postrevolutionären Gesellschaft. Für eine Diskussion über feministische Sichtweisen auf die Ektogenese siehe Murphy (1995), »Feminist Concerns about Ectogenesis«, S. 113–33. Murphys Ansicht nach stellt das medizinische Verfahren der Ektogenese die größte, direkte Gefahr für die reproduktiven Rechte der Frauen dar und entwertet am stärksten den Beitrag der Frau zur Reproduktion. Sie äußert auch die Sorge, die Erschaffung künstlicher Gebärmütter könnte zu »Femiziden« führen (S. 125).

selbstverwalteten, autonomen Gesellschaft würde eine solche Entscheidung unter Berücksichtigung des kollektiven Wohlergehens, der verfügbaren Ressourcen und der Erhaltung des natürlichen Reichtums erfolgen. Auch heute können solche Überlegungen nicht unberücksichtigt bleiben, doch die Entscheidung für ein Kind kann auch als Weigerung angesehen werden, den kapitalistischen Planer*innen die Entscheidung darüber zu überlassen, wer leben darf und wer sterben oder noch nicht einmal geboren werden darf.

ZWEI
Zweite Vorlesung
›Körperpolitik‹ in der feministischen Revolte

Im vorangegangenen Essay habe ich dargelegt, dass der Kapitalismus als System, das auf der Ausbeutung der menschlichen Arbeitskraft basiert, Frauen als Körper definiert hat – ich meine, als Wesen, die von ihrer Biologie bestimmt werden –, insofern, als dass er sich unsere Reproduktionsfähigkeit zu eigen gemacht hat und sie zur Reproduktion der Arbeiterschaft und des Arbeitsmarktes nutzt. Das soll nicht heißen, dass Frauen in der Geschichte des Kapitalismus nicht auch andere Formen der Ausbeutung erlitten haben. Versklavte Frauen haben auf den US-amerikanischen Plantagen Feldarbeit verrichtet, Zuckerrohr geschnitten und Baumwolle gepflückt. Während des Jim-Crow-Systems[1] bauten Schwarze Frauen als Teil von Sträflingskolonnen Straßen. In Großbritannien, Frankreich und den USA stellten die Frauen und Kinder der Arbeiterklasse das Rückgrat der Industrierevolution dar. Selbst als sie aus den Fabriken ausgeschlossen wurden, leisteten sie ihren Beitrag zum Familienbudget mit Teilzeitarbeit. Das gilt vor allem für Schwarze Frauen, die sich nie mit Sicherheit auf ein regelmäßiges Einkommen des Mannes verlassen konnten. Der springende Punkt ist jedoch, ungeachtet der anderen Arbeiten, die wir verrichten mussten, *wurden stets Fortpflanzung und sexuelle Dienste gegenüber Männern von uns erwartet und uns oftmals aufgezwungen*. Während ihnen rechtlich die Mutterschaft verweigert wurde, zogen Schwarze versklavte Frauen die Kinder ihrer Herren groß, erlitten deren sexuelle Übergriffe und wurden gezwungen, für die Zucht von Versklavten, die sich vor allem nach der Abschaffung des Handels mit Versklavten 1806 entwickelte, Kinder zu gebären.

---

1 Anmerkung der Übersetzerin: Der Ausdruck Jim Crow (›Jim, [die] Krähe‹) war in den USA im 19. Jahrhundert die Bezeichnung für das Stereotyp eines tanzenden, singenden Schwarzen. Der Begriff wurde mit der Zeit im Rahmen der Rassendiskriminierung von Afroamerikaner*innen und anderen Schwarzen kritisch genutzt, vor allem für die ›Jim-Crow-Gesetze‹. Heute ist *Jim Crow* zu einer Bezeichnung für das umfassende System zur Aufrechterhaltung einer ›Rassen‹-Hierarchie in allen Bereichen der amerikanischen Gesellschaft geworden.

Wir Frauen haben schon immer gegen diese Aneignung unserer Körper und die damit einhergehende Gewalt angekämpft. Versklavte Frauen nutzten ihr Wissen über empfängnisverhütende Kräuter, um einer Schwangerschaft vorzubeugen, und töteten sogar ihre Kinder bei der Geburt, um zu verhindern, dass sie versklavt wurden. Unter der Gefahr, ihr Leben zu verlieren oder schlimme Folter zu erleiden, widersetzten sie sich den sexuellen Übergriffen ihrer Herren. Wie Dorothy Roberts ([1997] 2017, S. 45) schreibt: »Sie flohen von den Plantagen, simulierten Krankheiten, erlitten schwere Strafen [...]. Häufig erinnerten sich ehemalige Versklavte an den Anblick einer Frau [...], die geschlagen worden war, weil sie sich den sexuellen Vorstößen ihres Herrn widersetzt hatte [...]. Zweifellos gab es auch viele Fälle von versklavten Frauen, die ihre Herren als Vergeltung für den sexuellen Missbrauch vergifteten.«

Nichts – außer dem Gefängnis – kommt der Gewalt durch Versklavung gleich. Und doch kommt einem dieser Begriff in den Sinn, wenn man an die Verzweiflung denkt, die viele Frauen bei der Erkenntnis verspüren, dass sie gegen ihren Willen schwanger sind, wofür sie oft genug ihr Leben lassen. *Der Kampf von Frauen, um der Schwangerschaft oder Sex inner- wie außerhalb der Ehe zu entgehen, ist einer der weitverbreitetsten und am wenigsten wahrgenommenen der Welt.* Erst in den 1970ern jedoch begannen wir Feminist*innen, uns offen und massenhaft zu organisieren, um unter dem Banner der ›Körperpolitik‹ für die Kontrolle über unsere Sexualität und das Recht zu kämpfen, selbst über unsere Fortpflanzung zu entscheiden. Die Körperpolitik war Ausdruck der Erkenntnis, dass unsere intimsten, scheinbar ›privaten‹ Erfahrungen in Wahrheit hochpolitische Angelegenheiten von großem Interesse für den Staat waren, was sich nicht zuletzt in der weitreichenden Gesetzgebung zeigt, die sämtliche Regierungen in der Geschichte zu ihrer Regulierung beschlossen. Die Körperpolitik erkennt auch an, dass uns unsere Fähigkeit, Leben auf die Welt zu bringen, weitaus intensiveren, invasiveren, entwürdigenderen und schwerer zu bekämpfenden Formen der Ausbeutung ausgesetzt hat, als Männer sie je erfahren haben. Während Männer sich der kapitalistischen Ausbeutung kollektiv ›im Job‹ widersetzten, taten Frauen das einzeln in ihren Beziehungen zu Männern, zu Hause, in den Kreissälen der Krankenhäuser, auf den Straßen und als Opfer von verbalen und physischen Übergriffen.

Der Feminismus war eine Revolte dagegen, dass wir als ›Körper‹ definiert und nur für die uns zugeschriebene Bereitschaft zur Aufopferung und

Hingabe für andere Menschen wertgeschätzt wurden. Er war eine Revolte gegen die Auffassung, dass das Beste, was wir von Leben erwarten können, ein Dasein als Dienerin im Haushalt und Bett eines Mannes und Produzentin von Arbeiter*innen und Soldat*innen für den Staat sei. Im Kampf für das Abtreibungsrecht und gegen die barbarischen Umstände, unter denen viele von uns gezwungen werden zu gebären, gegen Vergewaltigungen inner- und außerhalb der Familie, gegen die sexuelle Objektifizierung und den Mythos des vaginalen Orgasmus enthüllten wir allmählich, wie die kapitalistische Arbeitsteilung unsere Körper geformt hat.[2]

Ein großer Teil der feministischen Bewegung konzentrierte sich auf den Kampf um das Recht auf Abtreibung, doch der Aufstand gegen die vorgeschriebene weibliche Norm war noch viel wesentlicher. Nicht nur die Pflicht, Mutter zu werden, sondern das Konzept der ›Weiblichkeit‹ an sich wurde hinterfragt und zurückgewiesen. Die feministische Bewegung denaturalisierte die Weiblichkeit. Die Kritik an der normativen Konstruktion des Frau-Seins begann lange bevor Judith Butler argumentierte, dass Gender ›performativ‹ sei. Die Kritik an Heteronormativität, Geschlechtsbinarität sowie ›Weiblichkeit‹ als biologischem Konzept und vor allem die Ablehnung der ›Biologie als Vorbestimmung‹ gehen dem *Unbehagen der Geschlechter* (1990, dt. 1991) und Butlers folgenden theoretischen Werken oder der Entwicklung der queeren, intersexuellen und trans Bewegung viele Jahre voraus. Feminist*innen schrieben nicht nur über das Ende der ›Weiblichkeit‹, sie handelten auch entsprechend, um dieses herbeizuführen. Am ersten Tag der Eröffnung des Kongresses in Washington, D.C., am 15. Januar 1968, organisierten die von Shulamith Firestone angeführten, radikalen Feminist*innen einen fackelerleuchteten Trauermarsch unter dem Motto »Die Beerdigung der traditionellen Weiblichkeit«, die, so stand es im Flugblatt, »nach 3.000 Jahren, in denen sie das Ego der Kriegstreiber bestärkte und Kriege mit ihr begründet wurden, verstorben ist«[3]. Sie boy-

2 Zur Bedeutung der ›Körperpolitik‹ siehe Robin Morgan, Hg., *Sisterhood Is Powerful* (1970) sowie Cherríe Moraga und Gloria Anzaldúa, Hg., *This Bridge Called My Back* (1981).

3 Die von Kathie Amatniek gehaltene Rede findet sich beim *Chicago Women's Liberation Union Herstory Project* unter: »Funeral Oration for the Burial of Traditional Womanhood« https://www.cwluherstory.org/classic-feminist-writings-articles/funeral-oration-for-the-burial-of-traditional-womanhood. Eine ausführlichere Darstellung dieses Ereignisses ist nachzulesen beim Herstory-Projekt

kottierten außerdem Brautmessen, prangerten den Zwang zur ›Schönheit‹ an und nannten sich ›Hexen‹.

Feminist*innen lehnten die repressive Sexualität ab, die als sexuelle Befreiung verkauft wurde. Sie riefen zudem »eine Selbsthilfebewegung ins Leben, die bis 1975 schon 30 von Frauen geführte Kliniken überall in den USA errichtet hatte, wo Frauen Bildung in Bezug auf ihren Körper erhielten und Gesundheit zum zentralen Aspekt der feministischen Politik im In- und Ausland erklärt wurde. Dieser Bewegung ist es zu verdanken, dass Tausende Frauen damit begannen, sich selbst ›zu erforschen und zu untersuchen‹«.[4] So half uns die Frauenbefreiungsbewegung, die Scham zu überwinden, die wir stets angesichts unserer Körper, allem voran unserer Genitalien, verspürt haben, und lehrte uns, über zuvor tabuisierte Themen zu reden, wie die Menstruation oder die Menopause. Dank der feministischen Bewegung kamen viele Frauen der Nachkriegsgeneration in den Genuss ›sexueller Aufklärung‹ und begannen, die politischen Konsequenzen der Sexualität in ihrer ganzen Tragweite zu verstehen. Auch unsere Interaktionen mit Männern wurden auf den Prüfstand gestellt und so deren Gewalt enttarnt wie auch unsere unablässige Infantilisierung und Degradierung durch Männer – indem sie uns ›Baby‹, ›Hühner‹ oder ›Weiber‹ nennen und für jede Gefälligkeit, etwa eine Einladung zum Abendessen, sexuelle Gegenleistungen erwarten.

Die Forderung nach sicheren Verhütungsmitteln und der Möglichkeit, ungewollten Schwangerschaften zu entgehen, war unsere Unabhängigkeitserklärung gegenüber den Männern, dem Staat und dem Kapital, welche uns seit Hunderten von Jahren mit strafenden Gesetzen und Praktiken terrorisiert hatten. Unser Kampf hat jedoch gezeigt, dass wir nicht unsere Körper zurückfordern können, ohne die materiellen Bedingungen in unserem Leben zu verändern. Der Kampf um Abtreibung schränkte sich selbst

---

der *Women's Studies Resources*, Duke Special Collections Library https://repository.duke.edu/dc/wlmpc.

4 Ich zitiere aus einem Brief, den mir Carol Downer, eine der Hauptgründerinnen der Selbsthilfebewegung, am 21. Januar 2015 schrieb, um meine Kritik an der feministischen Bewegung in Bezug auf ihren Kampf um das Abtreibungsrecht zu korrigieren. Downer erinnerte mich daran, dass der Feminismus in den 1970ern keine einseitige Bewegung war. Erst in den späten 1970ern verengte sich sein Horizont durch die ›Pro-Choice‹-Strategie auf den Kampf um das Abtreibungsrecht. Zu diesem Thema siehe auch Boston Women's Health Book Collective, *Our Bodies, Ourselves: A Book by and for Women* (1976).

ein, weil er nicht mit einbezog, allen Frauen zu garantieren, dass sie Kinder bekommen konnten, wenn sie es wollten. Das war ein politischer Fehler, da so vielen Frauen in den Vereinigten Staaten das Recht verwehrt wurde, Mutter zu werden, während der Versklavung kraft Gesetzes und später durch Mangel an Ressourcen und Zwangssterilisationen. In den 1920ern und 1930ern, aber auch viele Jahre danach, wurden Tausende Schwarze Frauen und Männer in den USA sterilisiert. Dies war Teil einer eugenischen Kampagne mit dem Ziel, die Reproduktion ›geistesschwacher Rassen‹ zu verhindern, eine Kategorie, die zudem viele Immigrant*innen einschloss.

Auch weiße Frauen aus der Arbeiterklasse wurden während der Weltwirtschaftskrise sterilisiert, wenn sie als ›geistesschwach‹ galten, wie Sozialarbeiter*innen und Ärzt*innen Frauen deklarierten, denen Promiskuität nachgesagt wurde und bei denen eine außereheliche Schwangerschaft wahrscheinlich war (Le Sueur 1984). In den 1930er-Jahren bejubelten die US-Behörden die Eugenik-Programme der Nazis. Vertreter*innen der US-Regierung betrachteten Nazi-Deutschland als die Erfüllung ihrer eigenen eugenischen Pläne, die die Sterilisation zum Weg in eine bessere Gesellschaft erkoren. Wohlgemerkt hätte die Unterstützung dieser Programme angehalten, wenn die USA nicht in den Zweiten Weltkrieg eingetreten wären, wodurch der Nationalsozialismus diskreditiert wurde (Nourse 2008, S. 127–33). Obwohl der Plan der Regierung, alle ›untauglichen‹ Menschen zu sterilisieren, also 1947 in Bezug auf Männer endete, ging die Sterilisation von Frauen weiter. Bis in die 1960er und sogar 1970er wurden viele Frauen, die von Sozialhilfe lebten, zur Sterilisation gezwungen, wenn sie weiterhin Leistungen erhalten wollten. Der Film *No Más Bebés* (Tajima-Pena 2015) dokumentiert das Leid Hunderter immigrierter Frauen, die in den 1960ern und frühen 1970ern in einer Klinik der University of Southern California im Los Angeles County ohne Zustimmung sterilisiert wurden. Viele von ihnen begriffen erst Jahre später, was ihnen widerfahren war, als sie feststellten, dass sie nicht wieder schwanger werden konnten.

Die feministische Bewegung beging damals den Fehler, den Kampf für Abtreibungen nicht mit dem Kampf für eine Verbesserung der materiellen Lebensbedingungen von Frauen zu verbinden und (zum Beispiel) nicht gegen den politischen Angriff der Regierung in den späten 1960ern auf das Programm »Aid to Families with Dependent Children« zu mobilisieren, das seit den 1930ern arbeitslosen, alleinerziehenden Frauen Geld vom Staat garantiert hatte. Dass sich die feministische Bewegung aus dem Kampf um staatliche Leistungen heraushielt, war besonders problematisch, weil Sozialleistungsempfänger*innen im offiziellen Diskurs stets rassifiziert wurden, obwohl die Mehrheit der Empfängerinnen tatsächlich weiße Frauen waren. Schwarze Frauen waren hingegen sichtbarer, da sie kämpferischer und organisierter waren und ihre Stärke aus dem Erbe der Bürgerrechts- und Black-Power-Bewegung zogen. Es waren Schwarze Frauen, die den Kampf für eine Erhöhung der Sozialleistungen und ein besseres Image in der Öffentlichkeit führten. Doch ihre Botschaft, dass ›jede Mutter eine arbeitende Frau‹ sei und das Großziehen von Kindern ein Dienst an der Gesellschaft darstelle, hätte jede Frau erreichen sollen.[5]

Die Kämpfe der Mütter um Sozialleistungen erhielten jedoch nie die Unterstützung, die nötig gewesen wäre, um den Staat davon abzuhalten, einen grausamen Krieg gegen das Programm und die Frauen selbst zu führen, einen Krieg, der verheerende Folgen für die Schwarze Community hatte. Denn, wie Dorothy Roberts ([1997] 2017, S. 202–22) schreibt, war es dieser Krieg, der das Bild von der Schwarzen, alleinerziehenden Mutter zeichnete, die ›wie ein Parasit‹ vom Wohlfahrtsstaat lebt, Crack-süchtig ist und dysfunktionale Familien hervorbringt. Dieses Bild diente zur Rechtfertigung einer Politik der Masseninhaftierung.

Das Versäumnis der feministischen Bewegung, darum zu kämpfen, dass keiner Frau der Kinderwunsch aufgrund ihrer materiellen Lebensumstände verwehrt werden sollte, und die feministische Darstellung der Abtreibung als ›Wahl‹ haben zu einer Spaltung zwischen weißen und Schwarzen Frauen geführt, die wir nicht reproduzieren dürfen. Das ist einer der Gründe dafür, dass viele Frauen of Color sich vom Feminismus distanziert und eine Bewegung für ›reproduktive Gerechtigkeit‹ organisiert haben, die ebenjene Notwendigkeit betont, den Kampf um die Fortpflanzung mit dem für wirtschaftliche Gerechtigkeit zu verbinden.[6]

---

5 Zum Kampf der Frauen für Sozialleistungen und der institutionellen Medienkampagne gegen sie siehe Milwaukie County Welfare Rights Center, *Welfare Mothers Speak Out* (1972) sowie Ellen Reese, *Backlash against Welfare Mothers* (2005).

6 Wie auf der Webseite von SisterSong (https://www.sistersong.net/reproductive-justice) nachzulesen ist, wurde die Bewegung »Reproductive Justice« im Jahr 1994 geboren, als eine Gruppe Schwarzer Frauen in Chicago in Vorbereitung auf die Weltbevölkerungskonferenz, die in jenem Jahr in Kairo stattfand, entschied, dass die Frauenrechtsbewegung nicht die Interessen von Frauen of Color und anderer marginalisierter Gruppen vertreten konnte.

Eine ähnliche Dynamik lässt sich in der #MeToo-Bewegung beobachten, denn wieder erkennen viele Frauen nicht, dass sexuelle Gewalt ein strukturelles Problem ist und nicht der Machtmissbrauch einzelner perverser Männer. Dass es sich um ein strukturelles Problem handelt, bedeutet, dass Frauen *durch die ökonomischen Umstände, unter denen die Mehrheit von uns zu leben gezwungen ist, sexuellem Missbrauch ausgeliefert sind.* Wenn Frauen mehr Geld verdienen würden, Kellnerinnen nicht auf Trinkgelder angewiesen wären, um die Miete zu bezahlen, Filmregisseure und -produzenten nicht über die Zukunft junger Frauen entscheiden könnten, die sich auf der Suche nach Arbeit an sie wenden, wenn wir gewalttätige Beziehungen oder Jobs, in denen wir sexuell belästigt werden, einfach hinter uns lassen könnten – natürlich würden wir dann einen Wandel erleben. Es ist auch wahr, dass Frauen in gewalttätigen Beziehungen bleiben, selbst wenn sie nicht ökonomisch vom Partner abhängig sind, weil wir es gewohnt sind, unser Selbstwertgefühl daraus zu ziehen, Männer glücklich zu machen. Wir haben nicht gelernt, uns selbst auf der Basis unserer eigenen Leistungen und Erfolge wertzuschätzen. Das gehört zu einem langen Konditionierungsprozess, der uns noch immer im Griff hat. Die feministische Bewegung stellt einen Wendepunkt dar. Sie hat verändert und aufgewertet, was es heißt, eine Frau zu sein. Diese Aufwertung hat sich jedoch nicht in ökonomischer Sicherheit niedergeschlagen. Im Gegenteil ist unsere Armut mit unserer Unabhängigkeit gewachsen, weshalb wir heute Frauen sehen, die zwei oder drei Jobs haben oder sogar als Leihmütter tätig werden.

In diesem Kontext ist die Kampagne einiger Feminist*innen zur Abschaffung der Prostitution, weil sie eine entwürdigende, gewaltsame Aktivität ohnegleichen darstelle, kontraproduktiv. Sexarbeit als besonders entwürdigend herauszupicken, stellt bloß die Frauen an den Pranger, die sie praktizieren, ohne auf der anderen Seite über die Möglichkeiten zu sprechen, die Frauen überhaupt haben. Das verschleiert die Tatsache, dass Frauen ohne ausreichende Mittel zum Leben schon immer ihren Körper verkaufen mussten und zwar nicht nur im Bordell und auf der Straße. Wir haben unseren Körper in der Ehe verkauft. Wir haben uns bei der Arbeit verkauft – ob dafür, einen Job zu bekommen, zu behalten, befördert zu werden oder nicht vom Vorgesetzten belästigt zu werden. Wir haben uns in Universitäten und anderen Kultureinrichtungen verkauft und, wie wir bereits gesehen haben, in der Filmindustrie. Frauen haben sich auch zum Wohle ihrer Männer prostituiert. In der Kohlebranche West Virginias existierte jahrelang ein informelles System der Prostitution, in welchem Frauen mit ihren Körpern für jegliches Problem bezahlten, das ihre Männer mit dem Unternehmen hatten, um einer Kündigung zu entgehen, die Kinder weiter versorgen zu können, wenn der Mann krank wurde und nicht mehr im Kohlewerk arbeiten konnte, oder um im firmeneigenen Laden anschreiben zu dürfen, wenn die Familienschulden sich auftürmten. In all diesen Fällen wurde die Frau in einen Raum im oberen Stock geladen, um Schuhe anzuprobieren, die in der Schuhabteilung ausgestellt waren. Dort stand eine Pritsche. Ältere Frauen warnten die jüngeren, nicht nach oben zu gehen, aber die Not obsiegte stets.[7]

Es sollte auch angemerkt werden, dass es entwürdigendere Arten der Erwerbstätigkeit gibt als die Prostitution. Unser Gehirn feilzubieten kann gefährlicher und herabwürdigender sein, als den Zugang zu unseren Vaginen zu verkaufen. Die Forderung nach der Kriminalisierung der Prostitution oder härteren Strafen für die Kund*innen schikaniert bloß noch mehr die Schwächsten in unseren Communitys und gibt lokalen Migrationsbehörden das Recht, Immigrant*innen zu deportieren. Das soll nicht heißen, dass wir nicht für bessere Bedingungen in der Sexarbeit kämpfen sollten und vor allem für eine Gesellschaft, in der wir unseren Körper nicht zu verkaufen brauchen. Dafür kämpfen Sexarbeiter*innen auf der ganzen Welt.[8] Des Weiteren ändern sich die Erfahrungen von Sexarbeiterinnen und die Bedingungen der Sexarbeit dadurch, dass Frauen an sozialer Macht gewinnen. Sexarbeiterinnen sind kein bloßes Spielzeug in den Händen der Männer, Opfer ihrer sadistischen Gelüste, kontrolliert und ihrer Einkünfte beraubt durch Zuhälter. Viele von ihnen sind Frauen, die ihr Einkommen aus der Sexarbeit nutzen, um die Schule ihrer Kinder zu bezahlen, sie gründen Kooperativen, setzen ihre eigenen Arbeitsbedingungen und Preise fest und geben sich gegenseitig Schutz und Sicherheit. Sexarbeit ist eine Möglichkeit, das Einkommen aufzustocken, für Bildungs- und Gesundheitskosten aufzukommen. Viele Frauen führen sie neben der Hausarbeit oder einer Lohnarbeit aus. Interaktiver Sex, der mittels einer Webcam über das Internet stattfindet, kann zwischen der Hausarbeit ausgeübt werden. Nur um das klarzustellen:

---

7 Siehe Michael Kline und Carrie Kline, »Esau in the Coalfields: Owing Our Souls to the Company Store« sowie Michael Kline, »Behind the Coal Curtain: Efforts to Publish the Esau Story in West Virginia« und »The Rented Girl: A Closer Look at Women in the Coalfields«, in Harris (2017, S. 5–25, 27–30, 38–45).

8 Zu diesem Thema siehe Mac und Smith (2018).

Wir sollten alle nicht nur in Bezug auf Sexarbeit für die Abschaffung sein. Alle Formen der Ausbeutung sollten abgeschafft werden, nicht nur die Sexarbeit. Ich betone, es ist nicht unsere Aufgabe als Feminist*innen, anderen Frauen vorzuschreiben, welche Form der Ausbeutung akzeptabel ist und welche nicht, sondern unsere Möglichkeiten zu erweitern, damit wir nicht mehr gezwungen sind, uns in irgendeiner Weise zu verkaufen. Das tun wir, indem wir unsere Reproduktionsmittel zurückfordern – das Land, die Gewässer –, die Produktion von Gütern und Wissen sowie unsere Entscheidungsmacht, unsere Fähigkeit, zu entscheiden, welche Art Leben wir führen und welche Art Mensch wir sein wollen.

Das gilt auch für die Frage der Gender-Identität. Wir können nicht unsere soziale Identität ändern, ohne um eine Änderung der ökonomischen/sozialen Bedingungen unserer Existenz zu kämpfen. Soziale Identitäten sind weder fixe, starre, auf alle Zeiten festgelegte Essenzen noch grundlose, sich ewig verändernde Realitäten. Und sie werden auch nicht ausschließlich von den Normen definiert, die uns das kapitalistische System aufzwingt. Soziale Identitäten, einschließlich der Gender-Identitäten, werden durch Klassenzugehörigkeit, Gender-Beziehungen und die Kämpfe der Communitys, aus denen wir stammen, geformt. Eine ›Frau‹ zu sein, bedeutet für mich beispielsweise etwas ganz anderes, als es für meine Mutter bedeutete, weil so viele von uns dafür gekämpft haben, unser Verhältnis zur Ehe, zur Arbeit und zu Männern zu verändern.[9]

Wir müssen uns von der Vorstellung verabschieden, dass unsere Identitäten vollständig vom kapitalistischen System definiert werden. Die Geschichte der feministischen Bewegung ist in diesem Kontext beispielhaft. Der Feminismus war ein langer Kampf gegen die Normen, Regeln und Verhaltenscodes, die uns aufgezwungen wurden. So hat sich mit der Zeit erheblich verändert, was es heißt, eine Frau zu sein. Wie ich bereits betont habe, waren die Feminist*innen die ersten, die den Mythos der ewigen, natürlichen ›Weiblichkeit‹ ins Wanken gebracht haben. Die Befreiung der Frau bedeutete die Erschaffung einer offeneren und fließenden Iden-

9 Zur Frage der ›Identität‹ und Identitätspolitik siehe bell hooks: »Postmodernes Schwarzsein« und »Die Politik radikaler schwarzer Subjektivität«. In Sehnsucht und Widerstand (1996), S.41–66. »Es besteht ein grundlegender Unterschied «, schreibt sie, »zwischen dem Verwerfen der Idee, daß es ein schwarzes ›Wesen‹, eine schwarze ›Essenz‹ gibt, und der Erkenntnis, wie sich schwarze Identität in der Erfahrung von Exil und Kampf auf besondere Weise gebildet hat« (S. 50).

tität für Frauen, deren Definition und Konstruktion jederzeit verändert werden konnte. Die Trans-Bewegung setzt einen Prozess fort, der in den 1970ern und sogar noch früher seine Anfänge hatte. Das, was Butler populär gemacht hat, ist nicht neu. Der Marxismus wie auch die meisten Philosophien des 20. Jahrhunderts – vor allem der Existenzialismus, eine Einflussquelle Butlers – griffen die Idee eines fixen, essenziellen Subjektes an. Unsere Körper werden von Klassenverhältnissen geformt genauso wie von ethnischen Faktoren und den Lebensentscheidungen, die wir treffen.

Das Unterfangen, die uns zugeteilten Identitäten zu destabilisieren, kann also nicht von dem Unterfangen getrennt werden, die sozialen/historischen Bedingungen unserer Leben zu verändern und vor allem soziale Hierarchien und Ungleichheiten zu bekämpfen. Ich hoffe, dass die Trans- und intersexuellen Bewegungen aus der Vergangenheit lernen – und begreifen, dass wir uns nicht für Selbstbestimmung einsetzen können, ohne zu verändern, wie wir arbeiten, wie der Wohlstand, den wir produzieren, genutzt wird und welchen Zugang wir dazu haben. Diese Ziele können nicht durch eine bloße Veränderung unseres Namens oder Aussehens erreicht werden. Sie erfordern, dass wir uns mit anderen Menschen zusammenschließen, um unsere kollektive Macht zurückzuerlangen, mit der wir selbst darüber entscheiden können, wie wir leben wollen, welches Bildungs- und Gesundheitswesen wir brauchen, welche Art Gesellschaft wir erschaffen möchten.

Wir dürfen auch nicht vergessen, dass wir bereits in einer Welt des Übergangs leben, in der sich die Bedeutungen und Definitionen im Wandel befinden, unklar sind und laufend hinterfragt werden. Keine davon ist unschärfer als ›Frau‹, eine Identität, die eine Zielscheibe für die vielfältigsten normativen Vorschriften darstellt. Während die ungleiche Arbeitsteilung zwischen den Geschlechtern noch immer existiert, wurden weibliche Eigenschaften durch den Eintritt der Frauen in einst männliche Berufe und die zunehmende Technologisierung der Arbeit immer mehr verdrängt. Man könnte von einer Flucht weg vom weiblichen Körper sprechen, welche sich auch in den neuen Idealen der weiblichen Ästhetik zeigt, die eher einen jungenhaften Look verkörpern, das Gegenteil des kurvenreichen Körpers, der bis in die 1960er den Höhepunkt der männlichen Begierde darstellte.[10] In vielen Berufen kommt einem weiblichen Rollenbild zu entsprechen einer

10 Eine starke Analyse der neuen Modelle weiblicher Schönheit findet sich in Bordos *Unbearable Weight* (1993).

Minderwertigkeit gleich, denn von der Universität über die Kunstgallerie bis zum Computerlabor benötigt der Kapitalismus eine geschlechtslose Arbeiterschaft.[11] Das ist keine allgemeingültige Regel. Sicher ist jedoch, dass die Arbeitsfelder, in denen das (zum Beispiel) in den 1950ern gefeierte Frauenbild noch gefragt ist, rapide zurückgehen. Vom Blickpunkt der Arbeit aus gesehen leben wir bereits in einer genderfluiden Welt, die von uns erwartet, sowohl weiblich als auch männlich zu sein. Selbst aus Sicht des Kapitalismus reichen Ehe, Mutterschaft und Hausarbeit – die einst identifizierenden Tätigkeiten – nicht aus. Von uns wird erwartet, dass wir unabhängig und effizient sind und außerhalb des Haushalts arbeiten. Wir sollen immer mehr so werden wie Männer.

Gleichzeitig hat die Präsenz von Frauen in beinahe jedem Bereich des gesellschaftlichen und politischen Lebens einen Einfluss auf das öffentliche Bild von der Arbeit sowie der institutionellen Entscheidungsfindung. Sie dient dazu, die Arbeit zu erotisieren, täuscht vor, dass das, was wir tun, nützlich und konstruktiv sei. Sie humanisiert politische Entscheidungen, die andernfalls zerstörerisch wirken würden. Selbst die Organisation des Kriegs erscheint harmloser, wenn das Militär von einer Frau geführt wird, wie es derzeit in Deutschland der Fall ist. Als Frauen werden wir besonders leicht Opfer dieser Manipulation, weil wir es nicht gewohnt sind, wertgeschätzt und für unsere Arbeit anerkannt oder belohnt zu werden. Alles in allem durchlaufen sowohl die Identität der Arbeiter*innen als auch die der Frauen als soziale/politische Subjekte einen tiefgreifenden Wandel, den wir in der Diskussion über ›Identitätspolitik‹ berücksichtigen müssen. Wird in ihrem Namen seitens der Regierung und anderer Institutionen Politik gemacht, ist die ›Identitätspolitik‹ ein Problem, da sie uns in verschiedene Gruppen mit jeweils unterschiedlichen Rechten aufteilt – Frauenrechte, Rechte von Homosexuellen, Rechte der indigenen Völker, Rechte von Trans –, ohne anzuerkennen, was einem gerechten Umgang mit uns im Wege steht. Wir müssen jedes Identitätskonzept kritisch hinterfragen, das nicht historisch und transformativ ist oder uns nicht erlaubt, unsere unterschiedlichen und gemeinsamen Formen der Ausbeutung zu erkennen. Stattdessen müssen wir soziale Identitäten, die auf verschiedenen Formen der Ausbeutung basieren und von einer Geschichte des Widerstands bis in die heutige Zeit

11 In *Mothernism* (2014, S. 142–43) erzählt die dänische Künstlerin Lise Haller Baggesen von ihrem Coming-out als Mutter, weil sie sich weigert, »ihr Muttersein zu verleugnen«, in einer Kunstwelt, die Mütter als Personae non gratae betrachtet.

neugeformt werden, unterschiedlich ansprechen. Indem wir unsere Identitäten hinsichtlich ihrer Geschichte der Ausbeutung und des Widerstands begreifen, finden wir eine gemeinsame Basis und entwickeln gemeinsam eine gerechtere Vision der Zukunft.

DREI

Dritte Vorlesung
Der Körper in der heutigen Krise der Reproduktion

Unseren Körper zu verändern, die Kontrolle über unsere Sexualität und Reproduktionsfähigkeit wiederzuerlangen, bedeutet auch, unsere materiellen Lebensbedingungen zu verändern. Wie sehr dieses Prinzip unsere individuellen und kollektiven Handlungen bestimmen sollte, zeigt sich in der Krise, die wir in den USA momentan trotz des intensiven feministischen Aktivismus der letzten 50 Jahre erleben. Diese Krise hat viele Dimensionen: sexuelle, fortpflanzungsbezogene, ökologische, medizinische, kognitive Dimensionen, die jedoch alle ihre Ursache in wirtschaftlichen und sozialen Entwicklungen haben, im Zuge derer die uns zur Verfügung stehenden zeitlichen und materiellen Ressourcen drastisch reduziert werden, während gleichzeitig unsere Angst vor der Zukunft und die uns aufgezwungene Gewalt zunehmen. Der alte kapitalistische Traum, den Arbeitstag zu verlängern, die Löhne zu reduzieren und die unbezahlte akkumulierte Arbeit zu maximieren, hat sich in den heutigen USA vollkommen erfüllt. Tatsächlich ist das, was Marx als das »allgemeine Gesetz der kapitalistischen Akkumulation« beschrieb[1] – die relative Verarmung der Arbeiter*innen, die konstante Schaffung einer (disponiblen) Überbevölkerung, die Entqualifizierung der meisten verfügbaren Jobs, Überstunden bei gleichzeitiger Massenarbeitslosigkeit, »während zugleich der Druck der Unbeschäftigten die Beschäftigten zur Flüssigmachung von mehr Arbeit zwingt« (Marx 1872, S. 567) –, die vorherrschende Tendenz im ökonomischen und politischen Leben ebenso wie die entsprechenden Problematiken der Massenarmut, Obdachlosigkeit und der zunehmenden Ungleichheit und institutionellen Gewalt.

Das heutige Leben, vor allem das der Frau, kommt tatsächlich der Hobbes'schen Beschreibung des Naturzustands nah: Es ist scheußlich, brutal und kurz. Gutsituierte Amerikaner*innen mögen vielleicht ein Alter

1 Marx, *Das Kapital*, Erstes Buch, Siebenter Abschnitt, 23. Kapitel.

jenseits der 90 erreichen, doch für den Rest von uns sinkt die Lebenserwartung, während die Zahl der Suizide und Drogentoten auf ein Rekordniveau ansteigt.[2] Selbstmorde nehmen in allen Teilen der Bevölkerung zu, auch bei den Frauen. In den Vereinigten Staaten wurden 2017 mehr als 47.000 Suizide verzeichnet und es bleibt ungewiss, wie viele – der älteren Menschen –, ohne registriert zu werden, einfach das Leben aufgegeben haben, weil ihnen ein Leben voller Armut und Einsamkeit nichts mehr wert war. Zusammen mit den Tausenden Toten durch Drogenkonsum, Waffengewalt, Polizeigewalt und unbehandelte Krankheiten bilden sie eine besorgniserregende Szenerie, die wir in unserer politischen Arbeit nicht ignorieren können.

Vor diesem Hintergrund möchte ich jene Aspekte dieser Krise herausstellen, die für eine Neuausrichtung der feministischen Agenda besonders relevant sind. Zunächst sind dies Mehrarbeit, Schulden, Mangel an Sicherheit, das Leben unter konstanter Anspannung und Übermüdung, immer die nächste Aufgabe im Blick, was zu Gesundheitsproblemen, Depressionen und, wie bereits festgestellt, einer Zunahme von Suiziden führt.

Im Gegensatz zu den feierlichen Lobeshymnen der Vereinten Nationen und liberalen feministischen Organisationen auf den großen Fortschritt, den die Frauen angeblich in Richtung Emanzipation erreichten hätten, könnte die Situation der Mehrheit der weiblichen Bevölkerung nicht bedrückender sein. Zweifellos sind wir heute weniger an die Familie oder Männer gebunden als in der Vergangenheit. Die traditionelle Familie ist nicht mehr die Norm: Die Ehe ist auf einem Rekordtiefstand und die meisten Frauen haben einen Job oder sogar zwei, selbst mit kleinen Kindern. Doch wir zahlen einen hohen Preis für die relative Autonomie, die wir erlangt haben. In der Arbeitswelt hat sich nichts verändert. Wie wir alle wissen, verlangen die meisten Jobs von den Angestellten, dass sie frei von jeglichen Familienverpflichtungen sind oder jemanden zu Hause haben, der sich um den Haushalt kümmert. Jedoch sind 40 Prozent der Frauen die alleinigen Versorgerinnen ihrer Familien und die Partner der restlichen gehen ebenfalls arbeiten. Die Arbeit im Haushalt löst sich aber nicht in

2 Shehab Khan berichtet im *Independent* (29. November 2018): »Suizide erreichen in den Vereinigten Staaten eine Rekordhöhe, was eine Abnahme der Lebenserwartung zur Folge hat.« Auch die Todesfälle durch eine Überdosis stiegen an, 2017 auf über 70.000. Dem Center for Disease Control and Prevention zufolge starben in den USA im Zeitraum zwischen 1999 und 2017 bis zu 700.000 Menschen durch Drogen, einschließlich Opioiden. Im Durchschnitt sterben 130 Menschen am Tag an einer Überdosis.

Luft auf, wenn wir außerhalb von zu Hause arbeiten. Sie wird nachts, an Wochenenden und zu Zeiten erledigt, die eigentlich Ruhephasen und anderen Aktivitäten gewidmet sein sollten. Das resultiert für viele Frauen in einer Arbeitswoche von 60 bis 90 Stunden, wie zu Zeiten der Industriellen Revolution, von sechs Uhr morgens bis neun Uhr abends. Es mehren sich die Berichte über Frauen, die nach eigenen Aussagen kaum noch Zeit für sich haben und sich am Rande eines Nervenzusammenbruchs bewegen, immerzu in Sorge, immerzu in Eile und mit dem Gefühl von Angst oder Schuld, vor allem, weil sie nicht genug Zeit mit den Kindern verbringen. Immer mehr von ihnen haben stressbedingte Gesundheitsprobleme, zum Beispiel Depressionen. Unter diesen Umständen sind die meisten Frauen gezwungen, die Hausarbeit zu reduzieren, was zur Folge hat, dass wesentliche Aufgaben unerledigt bleiben, da die einst von ihnen verrichtete Arbeit nicht durch andere Angebote ersetzt wurde. Programme, die Abhilfe schaffen könnten, werden unterdessen gestrichen.

Man könnte die Hoffnung hegen, dass die Krise an der Haushaltsfront durch die Befriedigung kompensiert wird, die Frauen aus ihrer Anstellung gewinnen. Für die meisten Frauen bedeutet eine Arbeit außerhalb von zu Hause jedoch, in einem Job gefangen zu sein, der ihren Körper und ihren Geist zerstört – Jobs, in denen sie den ganzen Tag stehen müssen, in Geschäften, am Flughafen oder in Supermärkten, wo sie oftmals alleine auf Kund*innen warten und Waren verkaufen, die sie sich selbst von ihrem Gehalt nicht leisten könnten, oder in schachtelartigen, fensterlosen Büros an einen Bildschirm gekettet. Es bedeutet auch, für Kinderbetreuung und Verkehrsmittel aufkommen zu müssen oder von Fast Food abhängig zu sein, wo wir doch gerade jetzt aufpassen müssten angesichts der Verbreitung von Pestiziden, genmanipulierten Produkten und wachsendem Übergewicht, auch unter Kindern. Hinzu kommt noch, dass die meisten Jobs keine bezahlten Krankentage oder Mutterschaftsurlaub garantieren, während eine Tagespflege um die 10.000 Dollar im Jahr kostet.

Das soll nicht heißen, dass wir keine Jobs außerhalb des Haushalts annehmen sollten. Vielmehr muss anerkannt werden, dass eine ›Wahlmöglichkeit‹ und Kontrolle über unsere Körper nicht nur dadurch erzielt werden kann, dass wir die Anzahl unserer Kinder reduzieren oder das Recht erlangen, keine Kinder zu bekommen und arbeiten zu gehen. Das Ziel ist, den Staat dazu zu bringen, uns die Ressourcen zur Verfügung zu stellen, die wir für unsere Familien und Communitys benötigen, damit wir nicht in zwei Jobs arbeiten, uns rund um die Uhr mit Geldsorgen plagen oder unsere Kinder zur Adoption freigeben müssen, weil wir sie nicht versorgen können. Wir müssen uns diese Ressourcen wieder aneignen, weniger arbeiten, die Kontrolle über unser Leben wiederlangen und Verantwortung für das Wohlergehen einer breiteren Gruppe von Menschen als unserer Familie übernehmen.

Zur ökonomischen Armut kommt die Armut eines Lebens in einer Welt hinzu, in der wir, wohin wir uns auch wenden, Zeichen des Todes sehen. Die Vögel verschwinden vom Himmel, Flüsse verwandeln sich in Chemikaliengruben, wir haben keine Zeit mehr für Liebe, Freundschaft und Bildung. Durch den Kapitalismus haben wir den Blick für die Magie des Lebens verloren. Ich habe einmal eine Frau kennengelernt, die als Doula arbeitet.[3] Diese Praxis stammt aus der Bewegung für Reproduktionsgerechtigkeit[4]. Dahinter steckt die Idee, dass Frauen, die schlechte Erfahrungen mit Ärzt*innen gemacht haben, ihr Kind nicht alleine im Krankenhaus gebären sollten, sondern in Begleitung eines Beistands. Diese Praxis ist ein Schritt zur Wiederherstellung jener Frauengemeinschaft, die einst zur Stunde der Geburt zusammenkam. Diese Frau wurde gefragt: »Was ist Magie?« Und ihre Antwort lautete: »Eine Frau zu sehen, die Leben schenkt. Es gibt nichts Magischeres: die Art, wie sich der Rhythmus der Mutter mit dem des Kindes verbindet, ist einfach magisch.« Heute jedoch gebären wir am Fließband. Wie Meg Fox in ihrem Artikel über die subjektive und objektive Zeit der Geburt (1989, S. 125–29) beschreibt, wird heute »die Dauer der Geburt gemessen«. Die Entbindung ist zur »bloßen Produktion« verkommen. Im Mittelpunkt steht die Effizienz, wie bei einer Zeitstudie. Geburten werden nicht gefühlt. Kinder werden aus gefühllosen Körpern herausgezogen. Die Entbindung wird auf einen mechanischen Prozess reduziert.

Auch die Natur ist magisch. Im einen Moment ist der Boden noch braun und im nächsten sprießen daraus Blumen aller Couleur. Wie die Farben und Formen dieser Blumen von ebenjenem Boden hervorgebracht werden, hat keine Wissenschaft bisher erklärt. Die Welt ist magisch im Hinblick auf all

3 Über die Rolle von Doulas als Beistand für Frauen bei der Geburt siehe Alana Apfel, *Birth Work as Care Work* (2016).

4 Diese Bewegung unterscheidet sich von der weißen feministischen Bewegung für körperliche Selbstbestimmung (Recht auf Abtreibung). Sie wurde von Frauen of Color ins Leben gerufen und vereint den Kampf für Reproduktionsrechte mit dem Kampf für soziale Gerechtigkeit.

ihre Kreativität und eigenständigen Bewegungen. Die Magie umgibt uns, aber wir erkennen sie nicht. Wir haben den Bezug zu ihr verloren. Auch die zwischenmenschliche Anziehung ist magisch. Gelehrte der Renaissance sprachen von der ›Sphärenharmonie‹. Sie glaubten, dass das Universum von einer enormen Kraft zusammengehalten werde – ähnlich der Gravitationskraft. In ihrer Vorstellung wurde alles durch die Kraft der ›Anziehung‹ an seinem Platz gehalten, Menschen ebenso wie die Sterne. Diese Sicht auf das Universum als etwas Lebendiges, wo alles miteinander verbunden ist, gibt uns Kraft für unseren Kampf. Sie ist ein Gegenmittel für den zynischen Standpunkt, dass es vergebens sei, die Welt verändern zu wollen, weil ›es zu spät ist‹, ›die Entwicklungen zu weit fortgeschritten sind‹, und dass wir anderen nicht zu nahekommen sollten, weil wir den anderen nicht trauen könnten und als erstes an uns selbst denken sollten.

An Bemühungen, unser Verhältnis zu unseren Mitmenschen und der Natur wiederherzustellen, fehlt es nicht. Frauen, vor allem aus den indigenen Communitys, gründen urbane Gärten, Saatgutbanken, vergraben ihre Plazentas in der Erde, um die Kinder an ihre Verbindung mit dem Boden zu erinnern. In den USA verbreiten sich im urbanen Raum Gärten sowie Zeitbanken und andere Formen des ›Commoning‹, die sich früher auf radikale Gruppen beschränkten. Uns wird bewusst, dass der Verlust unseres Verhältnisses zum Land viel mehr als den Verlust einer ökonomischen Ressource bedeutet. Wie die indigenen Amerikaner*innen schon immer wussten, verlieren wir mit dem Land auch unser Wissen, unsere Geschichte, unsere Kultur. Auch Marx (2017 [1844], S. 58) erkannte, dass die Natur unser anorganischer Körper ist, eine Erweiterung unserer selbst. Somit ist der Tod der Erde unser Tod. Wenn ein Wald abgeholzt, die Meere verschmutzt und Tausende Wale an der Küste angespült werden, sterben auch wir. Viele Frauenorganisationen arbeiten heute deshalb daran, frühere Arten des Wissens über Kräuter und Pflanzen wiederzuerlangen.

Außerdem wächst das Bewusstsein für das barbarische Leiden, das den Tieren in fast jedem Teil der Lebensmittelindustrie zugefügt wird. Auch Tiere werden in Maschinen verwandelt. Überall im Land wird in den Ställen, die nun an Fabriken erinnern oder besser noch an Zwangsarbeitslager für Tiere, das Licht Tag und Nacht angelassen, damit die Hühner mehr Eier legen. Dasselbe geschieht mit Säuen. Millionen von Tieren werden nur gezüchtet, um gegessen zu werden. Sie werden nicht als Lebewesen, sondern als Fleischmaschinen betrachtet, so konstruiert, dass manche niemals auf den Beinen stehen, bevor sie ins Schlachthaus gebracht werden, weil ihre Beine das viele Fleisch ihres Körpers nicht tragen können.[5] Kein Wunder, dass wir alle Krebs bekommen. Wir leben auf einer verseuchten Erde und ernähren uns von Tieren, die von Geburt an furchtbare Qualen erleiden – so nehmen wir all das Gift ihrer Schmerzen in unseren eigenen Körper auf.

Wie gesagt, regt sich bereits Abscheu gegen die faschistoide Grausamkeit, die Millionen von Lebewesen zur Befriedigung unserer Gelüste angetan wird. Der Aufstieg der Tierbefreiungsbewegung hat einen wichtigen Beitrag zur revolutionären Politik geleistet und so findet eine stille Revolution unter vielen jungen Menschen auf der ganzen Welt statt, die vegetarisch oder vegan werden, einige vielleicht aus Sorge um ihr eigenes Wohl, viele aber auch aus Abscheu gegen das Leid, das unser Bedürfnis nach Fleisch verursacht.

Und doch ist es noch ein weiter Weg. Trotz so vieler sozialer Bewegungen und Kämpfe und der wiederholten Zelebration der Menschenrechte haben wir es noch immer nicht geschafft, uns der schlimmsten Krise zu widmen, auf der die amerikanische Gesellschaft errichtet wurde – jene, die aus der jahrhundertelangen Versklavung und dem Völkermord resultiert, die alles, was auf diesem Kontinent geschieht, wie ein Meer aus Blut umspülen und verzerren. Wie würde eine feministische Bewegung aussehen, die sich nicht nur zuvorderst dem Kampf gegen Rassismus verschreibt, sondern auch den Kampf gegen die inakzeptablen sozialen Verbrechen der Institutionen, die ihn verursachen, an die Spitze ihrer Agenda stellt?

Der Rassismus ist in all seinen Formen so tief in der weißen amerikanischen und europäischen Gesellschaft verwurzelt, dass seine vollständige Bekämpfung einen langen revolutionären Prozess erfordern wird. Jedoch kann eine feministische Bewegung gegen ebenjene Politik und Institutionen mobilisieren, die rassistische Diskriminierung und die neuen Formen der Versklavung fördern, unter denen nicht nur Schwarze, sondern auch Latino- und Einwanderercommunitys leiden. Wir brauchen zudem eine

5 Eine starke, ergreifende Anprangerung des grausamen Umgangs mit Tieren in der industriellen Landwirtschaft, wo sie zu Tausenden gezüchtet werden, um im Schlachthaus zu enden, findet sich in Sunaura Taylors *Beasts of Burden* (2017). Die darin offenbarten Abgründe, auf denen die Lebensmittelindustrie basiert, zeigen, dass die Degradierung der Tiere »zu unaussprechlicher Gewalt gegen Menschen beigetragen hat« (S. 107).

Bewegung, die sich gegen die Todesstrafe sowie das Gefängnissystem und die zunehmende Militarisierung aller Lebensbereiche einsetzt. Ein Ziel des Feminismus muss die Befreiung Tausender Frauen sein, die in den USA in Haft sitzen – dort ist der Anteil weiblicher Insassinnen weltweit an höchsten. Sie sitzen hauptsächlich für ›Überlebensdelikte‹ wie illegale Sexarbeit oder Scheckfälschung ein und weil bei mittellosen und Schwarzen Frauen zunehmend die Schwangerschaft kriminalisiert wird.

Wir brauchen eine feministische Bewegung, die sich solidarisch mit unseren Kindern zeigt, deren Leben ebenfalls tagtäglich bedroht wird. Jetzt regt sich das Bewusstsein für die sinnlosen Schießereien auf Kinder jeden Alters in Schulen oder Kindergärten, aber nicht deutlich genug, um die Waffengesetze zu ändern. Auch die jahrzehntelang verübten Übergriffe von Priestern in Kirchen und Sakristeien erhalten nun Aufmerksamkeit. Doch gegen die Gewalt, die vielen Kindern regelmäßig zu Hause oder durch staatliche Institutionen widerfährt, oftmals unter dem Vorwand, sie vor ihren Eltern zu schützen, müssen Feminist*innen erst noch mobilisieren.

Wenn wir uns der Gewalt gegen uns selbst widersetzen, müssen wir uns umso mehr der Gewalt gegen unsere Kinder widersetzen. Wir müssen unsere Kinder wertschätzen, sie als ebenbürtig statt als minderwertig ansehen. Kinder haben die Niederlagen und Konventionen, die im Erwachsenwerden unsere Beziehungen zu anderen prägen, noch nicht verinnerlicht und erkennen sofort, was falsch, was unecht ist. Erst durch jahrelange Konditionierung lernen wir, uns zu verstecken und zu verstellen. Wir können also vieles von ihnen lernen.

Die Beendigung aller Formen der Gewalt gegen Kinder ist eine dringende Angelegenheit, denn die Kindheit befindet sich in einem kritischen Zustand. In den USA werden die Schulen zu Gefängnissen mit Metalldetektoren und Wachen an den Türen. Kreative Angebote werden von ihrem Lehrplan gestrichen, zumindest an den öffentlichen Schulen. Wir sollten uns also nicht wundern, wenn sie unglücklich sind und rebellieren. Stattdessen wird diese Rebellion zur geistigen Krankheit erklärt und mit Medikamenten behandelt. Das ist einfacher und profitabler, als die wahren Gründe für ihre Unzufriedenheit anzuerkennen. Welch eine Revolution wäre es doch, wenn die US-Regierung eine Billion Dollar statt in die Erneuerung des Atomwaffensystems in das Ziel investieren würde, dass an Schulen die Kreativität unserer Kinder gefördert wird. Darin sehe ich ein gutes feministisches Projekt und eine gute feministische Forderung!

Teil Zwei

VIER
Körper, Gender und Performanz

Kann man Gender als Ergebnis von ›Performanz‹ betrachten? Diese Annahme ist unter Feminist*innen in den USA momentan verbreitet und die Gründe dafür sind verständlich. Eine Gender-Kategorie wie die der ›Frau‹ als Ergebnis von Performanz zu beschreiben, bedeutet, jahrhundertelange Einschränkungen und Regeln zurückzuweisen, die uns unter Berufung auf eine mystische weibliche Natur auferlegt wurden. Als Echo der Aussage Simone de Beauvoirs (1951, S. 265): »Man kommt nicht als Frau zur Welt, man wird es«, scheint die Performanztheorie den Standpunkt des 70er-Jahre-Feminismus über den gesellschaftlich konstruierten Charakter der ›Weiblichkeit‹ fortzusetzen. Es gibt jedoch Unterschiede, die man nicht außer Acht lassen sollte, da sie auf die theoretischen Grenzen dieses Konzepts verweisen. Unsere Kritik untersuchte und benannte stets die Ursachen für die Unterdrückung der Frau – wir nahmen an, dass die normative Definition der ›Weiblichkeit‹ ein Produkt des ›Patriarchats‹ sei, oder wir verorteten sie in der kapitalistischen Ausbeutung der weiblichen Arbeitskraft –, da wir nach politischen Strategien suchten, mit denen sich nicht nur unser Leben, sondern die gesamte Gesellschaft verändern ließe. Das Identifizieren, Benennen und Analysieren der Quelle der ›Normen‹, denen wir uns zu unterwerfen hatten, war auch wichtig, um die Komplexität der ›Gender-Konstruktion‹ aufzuzeigen. Es war wichtig, um deutlich zu machen, dass unser Befolgen der institutionell vorgeschriebenen Regeln und Gesetze stets mehr war als das Umsetzen der ›Norm‹, wie die ›Performanz‹ impliziert. Meistens war es eine unfreiwillige Unterwerfung, begleitet von einem Gefühl der Ungerechtigkeit und dem Wunsch nach Rebellion, was, wie wir herausfanden, sehr prägend für unser Verständnis vom ›Frausein‹ war.

Performativität ist ein sinnvolles Konzept. Doch es ist in seiner Anwendbarkeit begrenzt. Es suggeriert das passive Befolgen eines Gesetzes, das Umsetzen einer Norm, einen einvernehmlichen Akt. Somit wird die gesellschaftliche Identifikation als Frau zwangsläufig eine selbst zugefügte

Verletzung. Dabei wird übersehen, dass Gender das Ergebnis eines langen Prozesses der Disziplinierung ist und nicht nur durch vorgeschriebene ›Normen‹ aufrechterhalten wird, sondern durch die Organisation der Arbeit, die Arbeitsteilung, die Herausbildung differenzierter Arbeitsmärkte sowie die Organisation der Familie, Sexualität und Hausarbeit. In jedem dieser Kontexte würde man die sogenannte ›Performanz‹ treffender als Zwang oder Ausbeutung definieren. Wir ›performen‹ nicht unser Geschlecht, indem wir als Krankenschwester, Sexarbeiterin, Kellnerin, Mutter oder bezahlte Pflegekraft arbeiten. Unsere Erzeugung von Weiblichkeit in diesen Berufen als ›Performanz‹ zu beschreiben, bedeutet eine erhebliche Reduktion unseres Verständnisses der tatsächlichen Dynamiken. Es verbirgt den ökonomischen Zwang, der hinter all dem steht, und auch die Tatsache, dass hinter dem Anschein von Folgsamkeit Widerstand und Ablehnung wachsen, durch die das ausgehöhlt wird, was die Performanz eigentlich festigen sollte. Das schließt nicht aus, dass wir uns durch das Performen dieser Berufe so sehr mit ihnen identifizieren, dass unsere gesamte Persönlichkeit davon geformt wird. Mit den Worten Jean-Paul Sartres in seiner Analyse der »Unaufrichtigkeit« verlangt die Gesellschaft von diesen Arbeiterinnen, dass sie durch diese bestimmten Arbeitsformen Weiblichkeit vorspielen. Tatsächlich werden viele Vorkehrungen getroffen, um eine Frau darin gefangen zu halten, was zu sein von ihr erwartet wird. »Als ob wir in der ständigen Furcht lebten, daß [sie] daraus entweicht, daß [sie] plötzlich aus [ihrer] Stellung herausspringt und sie umgeht.«[1]

Und doch brechen wir aus. Der Aufstieg der Frauenbefreiungsbewegung wäre nur mit dem Konzept der ›Performativität‹ als Grundlage samt seinen Implikationen, der passiven Rezeption und Reproduktion normativer

1 Jean-Paul Sartre, »Unaufrichtigkeit« in *Das Sein und das Nichts* (1993), S. 140. Am Beispiel eines Kellners im Café, eines Lebensmittelhändlers oder eines Geschäftsmanns verdeutlicht Sartre, wie ihre Performanz als ein Spiel erscheint, als Zeremonie, wenn auch eine sehr ernsthafte, weil die Öffentlichkeit diese von ihnen verlangt. So »gibt [es] den Tanz des Lebensmittelhändlers, des Schneiders, des Auktionators, durch den sie sich bemühen, ihre Kundschaft davon zu überzeugen, daß sie weiter nichts sind als ein Lebensmittelhändler, ein Auktionator, ein Schneider. [...] Das sind Vorkehrungen, die den Menschen in dem einsperren sollen, was er ist. Als ob wir in der ständigen Furcht lebten, daß er daraus entweicht, daß er plötzlich aus seiner Stellung herausspringt und sie umgeht.« (S. 140). »Unaufrichtigkeit« kommt für Sartre ins Spiel, wenn wir vergessen, dass wir nicht die Person sind, die wir sein müssen. Sein Anliegen ist, dass wir unsere ontologische Kapazität erkennen, die Identitäten zu transzendieren, zu deren Performanz wir gezwungen werden.

Standards, nicht zu erklären. Die Entstehung der Frauenbefreiungsbewegung am Ende eines der repressivsten Jahrzehnte in der US-amerikanischen Geschichte – im Hinblick auf die Herausbildung und Disziplinierung von Gender – wäre ein Rätsel, wenn man außer Acht ließe, dass sich hinter dem Anschein der Konformität eine tiefsitzende Rebellion zusammenbraute und – ebenso wichtig – diese Rebellion keine Ablehnung von Gender als solches war, sondern einer bestimmten, erniedrigenden Definition der Weiblichkeit, der die Frauenbewegung trotz vieler institutioneller Abwehrversuche ein Ende bereitete.

Zwei Gedanken dazu möchte ich Nachdruck verleihen. Erstens hilft uns Performativität dabei, ›Weiblichkeit‹ zu denaturalisieren. Sie erweitert unsere Wahrnehmung des gesellschaftlich konstruierten Charakters von Gender-Identitäten und -werten, aber sie lässt uns nicht erkennen, dass wir für einen Gesellschafts-/Gender-Wandel nicht nur unsere individuelle und kollektive Vision von Gender ändern müssen, sondern auch die Institutionen, durch die Gender-Verhältnisse aufrechterhalten werden, angefangen bei der geschlechtsspezifischen Arbeitsteilung und den gesellschaftlichen Hierarchien, die auf der Entwertung der Reproduktionsarbeit basieren. Zweitens schmälert Performativität den Gehalt sozialen Handelns, indem sie suggeriert, uns stünden nur die Optionen Zustimmung oder Widerspruch offen. So wird unterschätzt, dass sich in vielen zustimmenden Handlungen rebellische Züge verbergen – die vielen Formen der Sabotage, die sich unter dem Deckmantel des Einverständnisses mit dem System herausbilden und sich unter bestimmten historischen Bedingungen zu starken Bewegungen entwickeln können.

Diese Betrachtungen sind von unmittelbarer Bedeutung für zwei weitere Themen, die in der heutigen radikalen Politik ebenfalls eine wichtige Rolle spielen. Das erste ist die Frage der ›Identität‹ und der ›Identitätspolitik‹. Feminist*innen haben diese Fragen jahrelang durchgekaut und vielstimmige Kritik geäußert, die besser auf andere Ziele hätte gerichtet werden können. Wie schon bei der ›Performativität‹ werden im Konzept der ›Identität‹ strukturelle Elemente des kapitalistischen Systems, in dem wir leben, verborgen und damit auch der unablässige Kampf, durch den diese aufgebrochen werden.

Offensichtlich bezeichnet ›Schwarz‹ im Sinne von Black Power, ›black liberation‹ oder ›black is beautiful‹ eine Identität, doch das, wofür es steht, ist eine Geschichte von Ausbeutung und Kampf. ›Schwarz‹ ist sicherlich keine Ausweisidentität, keine Identität, die uns festzurrt und an die Wand nagelt. Es ist nicht die Art Identität, von der John Locke ([1690] 1872, S. 361–362) als konstituierend für einen Menschen spricht, die seinen Ausführungen nach die »persönliche Dieselbigkeit« ausmacht und somit die Grundlage für eine mögliche Bestrafung darstellt. *Vielmehr ist es eine Identität, die kollektiv ist und durch einen kämpferischen Prozess gestiftet wird.* Somit sind soziale Identitäten nicht nur Gefängnisse, in die uns ein Hegemonialsystem einschließt, und auch keine Gewänder, die wir nicht zerreißen, auf links drehen und ausziehen könnten. Betrachtet man soziale Identitäten als unilateral konstruiert und ignoriert man unsere Fähigkeit, diese zu verändern, als Diffamierung gemeinte Labels in stolze Abzeichen zu verwandeln, dann geht man von der unvermeidlichen Niederlage aus und sieht die Macht nur beim Herrschenden.

Dasselbe lässt sich auf ›Frau‹ als soziale Identität übertragen.

Wenn ›Frau‹ kein biologisches Konzept, sondern ein soziales Konstrukt ist, dann stellt sich die Frage: Wofür steht es und welche Akteur*innen sind in seinen Gestaltungsprozess involviert? Wer hat die Macht, zu definieren, was ›Frau‹ bedeutet? Und inwiefern wird die normative Bedeutung durch die Kämpfe der Frauen infrage gestellt?

Für diejenigen von uns, die nicht akzeptierten, dass der Umstand, mit einem Uterus geboren zu sein und die Fähigkeit zur Fortpflanzung zu besitzen, unweigerlich zu einem Leben der Unterwerfung führt, bestand die Alternative darin, in der Geschichte der Ausbeutung der menschlichen Arbeitskraft nach einer Antwort zu suchen. So definierte ›Frau‹ für uns vor allem einen bestimmten Platz, eine bestimmte Funktion in der kapitalistischen Arbeitsteilung, aber gleichzeitig auch einen Schlachtruf, denn der Kampf gegen diese Definition veränderte ihren Inhalt.

Anders ausgedrückt ist ›Frau‹ kein statischer, monolithischer Begriff, sondern er beinhaltet zugleich unterschiedliche, sogar gegensätzliche, stets im Wandel begriffene Bedeutungen. ›Frau‹ ist nicht nur eine Performanz, eine Verkörperung institutioneller Normen, sondern ein ständig umkämpftes und neu zu definierendes Terrain.

Schließlich hat die Performanztheorie die Vorstellung geschaffen, dass unsere Physiologie kaum Relevanz für unsere sozialen Erfahrungen hat. Aus der unbestreitbaren Tatsache, dass wir unsere Biologie durch kulturelle Filter wahrnehmen und die ›Biologie‹ selbst durch soziokulturelle Faktoren beeinflusst wird, wird nur allzu oft geschlussfolgert, dass die materielle Beschaffenheit unserer Körper ein Thema ist, über das man besser nicht spricht. Ich beziehe mich hierbei weniger auf die Performanztheorie, die beispielsweise von Judith Butler vertreten wird, zumindest in ihren späteren Werken, sondern eher auf die populäre Version davon, die unter Feminist*innen im Umlauf ist. Auch hier möchte ich zunächst mögliche Missverständnisse aus dem Weg räumen. Ich stimme Donna Haraways Aussage zu, dass »Biologie Politik ist«, obgleich ich ihr eine andere Bedeutung beimesse. Ich halte Biologie insofern für Politik, als dass sie so hartnäckig und negativ gegen uns verwendet wurde, dass es heute nahezu unmöglich ist, neutral über ›Biologie‹ zu sprechen, ohne eine Verstärkung bestehender Vorurteile fürchten zu müssen. Sie ist auch deshalb Politik, weil die Entscheidungen über die wichtigsten Faktoren des Aufbaus und der Entwicklung unserer physischen Erscheinung in institutionellen Kontexten (Universitäten, medizinischen Laboren usw.) außerhalb unserer Kontrolle getroffen werden, angetrieben durch wirtschaftliche und politische Interessen, und weil wir wissen, dass, obwohl unsere Körper die Ergebnisse eines langen Evolutionsprozesses sind, sie dennoch von Unmengen politischer Faktoren beeinflusst werden, die sie ständig sogar auf der Ebene der DNA verändern. Ergo haben ›Körper‹ und ›Natur‹ eine Geschichte; sie sind kein unbeschriebenes Blatt, an das kulturelle Bedeutungen angeheftet werden.

Umwelt- und Ernährungspolitik haben viele Mutationen in unserem Körper verursacht, wie etwa jene, die wir vermutlich gerade erleben, weil wir immer mehr Strahlung ausgesetzt sind. Durch unsere Körper und unsere Handlungen spricht in der Tat keine ursprüngliche, unveränderbare Natur. Gleichzeitig wäre es absurd, einige Schlüsselelemente unserer Körper als sozial unbedeutend abzutun, bloß wegen ihrer ›Verunreinigung‹ durch soziale, historische und kulturelle Praktiken. Die Tatsache, dass wir die Welt, die wir fälschlicherweise als Natur, Biologie, Körper bezeichnen, nicht verstehen können, außer durch einen Filter sozialer Werte, Interessen und politischer Überlegungen, sowie die Tatsache, dass ›Natur‹ und ›Physiologie‹ eine Geschichte haben, bedeuten nicht, dass wir sie aus unserem Diskurs ausschließen müssen und dass wir über nichts außer kulturell produzierte Realitäten sprechen dürfen, die wir selbst in der Hand haben.

Ob wir nun in einer fernen Zukunft den Tod aus dem menschlichen Dasein verbannen und wie Bäume weiterleben können, bis unser physisches Gestell auseinanderbricht, oder nicht – der Tod bleibt momentan unser unvermeidbarer Gefährte und spielt in unserem Leben eine wichtige Rolle, wie auch immer wir ihn kulturell erleben und mit ihm umgehen. Dasselbe gilt für die Geburt und die Mutterschaft, die, auch wenn sie von ihrem Zwangscharakter und den heuchlerischen Überhöhungen befreit sind, für einen Großteil der Bevölkerung, vor allem für Frauen, lebensverändernde Ereignisse darstellen. Ich muss anmerken, dass ich eine große Sympathie für die Ablehnung empfinde, mit der so viele Frauen diesem heiklen Thema begegnen. Doch darüber zu schweigen, aus Angst, den Lebensrechtler*innen den Rücken zu stärken oder naturalisierende Konzepte der Weiblichkeit zu unterstützen, verhindert einen Prozess, durch den man sich die Kreativität, die diesen Erfahrungen innewohnt, zunutze machen kann.

Paradoxerweise wird die Relevanz des Unterschieds in unserer Erfahrung unserer physischen Erscheinung von einem großen Teil der Trans-Bewegung betont, die sich sehr für eine konstruktivistische Sicht auf Gender-Identitäten einsetzt, denn viele von ihnen unterziehen sich kostspieligen und gefährlichen Operationen und Behandlungen, um ein anderes Geschlecht anzunehmen.

Indem wir uns also dagegen entscheiden, die materiellen/physiologischen Aspekte unseres Körpers zu ignorieren, können wir die dominante, reduktive Konzeption von Gender auf die Probe stellen und das breite Spektrum der Möglichkeiten erkennen, die die ›Natur‹ uns bietet. Auf dieser Grundlage hat bereits die intersexuelle Bewegung demonstriert, dass intersexuelle Menschen keine fiktiven Figuren oder seltenen Phänomene sind, sondern eine beträchtliche Anzahl von Kindern mit undefinierten Geschlechtsmerkmalen geboren wird.[2] So bewegen wir uns momentan auf die Anerkennung eines dritten oder mehrerer Geschlechter zu. Was bisher ein Geheimnis im Kreissaal blieb, was bisher schnellstmöglich und unbarmherzig von dem Geschlechtsdimorphismus verschriebenen Ärzt*innen korrigiert wurde, tritt nun ans Tageslicht, wie es in anderen Gesellschaften und Kulturen bereits der Fall war. Auch in diesem Fall handelt es sich jedoch bloß um einen Anfang, die Skalpelle der Ärzt*innen von der Manipulation intersexueller Körper abzuhalten – denn wenn wir Gender als Disziplinierungsinstrument und Ausbeutungsmittel hinter uns lassen wollen, müssen wir die Kontrolle über unser Leben und unsere Reproduk-

2 Zu diesem Thema siehe den Klassiker von Anne Fausto-Sterling, *Sexing the Body* (2000).

tion wiedererlangen. Das bedeutet, dass wir über den Körper hinausgehen müssen, obwohl der Körper – wie die Frauen in Lateinamerika nachdrücklich bekräftigen – das primäre Terrain unserer Begegnung mit der Welt und das primäre Objekt unserer Verteidigung darstellt.

FÜNF
Umgestaltung unseres Körpers, Umgestaltung der Welt?

Die Idee der Umgestaltung unseres Körpers ist so alt wie unser Wunsch, seine Grenzen zu überwinden, beispielsweise durch die Erlangung der Fähigkeiten von Tieren, etwa des Fliegens. Seit Beginn ihrer Geschichte haben die Menschen ihre eigenen und andere Körper durch Gesichtsbemalung, Schädeldeformation, Muskelaufbau und Tattoos umgestaltet. Das diente zur Gruppenidentifikation, zur Projektion persönlicher oder kollektiver Macht oder zur Verschönerung.[1] Auch Machtregimes schrieben ihre Vorschriften den Körpern ein. Als Treffpunkt zwischen der menschlichen und nichtmenschlichen Welt ist der Körper stets unser stärkstes Mittel der Selbstdarstellung gewesen, aber auch das leichteste Ziel für Missbrauch. So sind unsere Körper Zeugen der Schmerzen und Freuden, die wir erlebt, und der Auseinandersetzungen, die wir geführt haben. Geschichten der Unterdrückung und Rebellion können an ihnen abgelesen werden.

Jedoch ist die Möglichkeit, unseren Körper zu verändern, noch nie in der Geschichte derart greifbar und begehrt gewesen wie heute. Läuft man morgens durch den Park oder geht an einem Fitnessstudio vorbei, gewinnt man den Eindruck einer Massenbewegung, die eine Leidenschaft weckt, wie sie früher einmal politischen Versammlungen vorbehalten war. Scharen strömen morgens in die Parks, joggen in Gruppen, zu zweit, alleine, fahren Rad oder walken; währenddessen verändern Fitnessstudios das Stadtbild mit ihren eindrucksvollen Schaufenstern, in denen Metallgeräte und schwitzende Körper zu sehen sind, die heute zunehmend von Tattoos bedeckt, manchmal wie von einer zweiten Haut davon überzogen sind. Und das ist nur ein Teil – der weniger technologische – der Umgestaltung. Auf der Hightech-Ebene macht sich der Eindruck, dass ein neues Zeitalter anbricht, umso mehr bemerkbar. Dank der neuen Reproduktionstechnologien können Frauen ihre fruchtbare Phase verlängern

1 Zu diesem Thema siehe Polhemus (1978).

und noch nach der Menopause Kinder bekommen oder das Austragen ›ihrer Kinder‹ anderen Frauen überlassen. Ärzt*innen versprechen, durch Genmanipulation – bisher noch im experimentellen Stadium – schon bei Ungeborenen alle Veranlagungen zu Krankheiten zu entfernen. Und mit Mikrochipimplantaten bricht eine neue Welt von Supermännern und -frauen an, die mit einer Handbewegung Autos und Gebäude aufschließen oder den Code ihrer Vitalparameter in ihrem Körper gespeichert haben. Chirurg*innen verfügen heute über Fähigkeiten, die einst Gegenstand von Mythologien waren,[2] und führen Geschlechtsumwandlungen durch, während noch kühnere Wissenschaftler*innen von dem Tag träumen, an dem die Umgestaltungen die Grenzen des Körpers verlassen, ihn transzendieren, ihn abstreifen, um unseren Geist in weniger vergängliche elektronische Schaltkreise zu verlagern.[3] Unterdessen befindet sich die plastische und kosmetische Chirurgie auf einem Rekordhoch, sie ist vor allem beliebt bei Frauen. Millionen Nasen, Lippen, Brüste und sogar Schamlippen werden umgestaltet, Falten werden aus alternden Gesichtern herausgeglättet und der Trend nimmt weiter zu.[4]

2 Gemeint ist die in Platons *Symposion* erzählte Legende von Apollon, der die Urwesen teilte. Diese Urwesen schmiedeten böse Pläne gegen die Götter und so wiesen die Götter Apollon an, dagegen vorzugehen, indem er sie in zwei Hälften teilte, ihre Genitalien wie ein moderner Chirurg nach vorne verlegte, sie hier und da annähte und so die Menschen erschuf, wie wir sie heute kennen – unvollkommen, ständig auf der Suche nach ihrer anderen Hälfte.

3 Siehe Finn Bowring, *Science, Seeds and Cyborgs* (2003), insbesondere Kapitel 11: »The Cyborg Solution«.

4 Kosmetische Gesichtschirurgie ist heute viel verbreiteter als noch in den 1990er-Jahren und zwar nicht nur als Mittel gegen das Älterwerden. Chiara Townley schreibt in *Medical News* (17. März 2019): »Neueste Daten zeigen, die kosmetische Chirurgie ist auf dem Vormarsch«. Obwohl die Mehrzahl der Patient*innen weiblich ist, wird auch die Zahl der Männer als »signifikant« bezeichnet. https://www.medicalnewstoday.com/articles/324693.php.
Siehe auch Brandon Baker, »Is Facial Plastic Surgery Still Popular?«, *Philly Voice*, 12. Juli 2018, https://www.phillyvoice.com/plasticsurgery-still-popular-beauty-facelift/. Laut der *American Society of Plastic Surgeons* ist die Nachfrage nach Schönheitsoperationen steigend. Allein in den USA unterzogen sich 17,5 Millionen Menschen minimalinvasiven plastischen und kosmetischen Eingriffen für insgesamt 16,5 Milliarden US-Dollar. »New Statistics Reveal the Shape of Plastic Surgery«, 1. März 2018, https://www.plasticsurgery.org/news/press-releases/new-statistics-reveal-the-shape-of-plastic-surgery.

Welche Bedeutung hat die aktuelle Popularität körperlicher Umgestaltung?

Was verrät uns das über die sich verändernde Konzeption unserer Körper? Und welche ›Körperpolitik‹ liegt bei diesem Phänomen vor?

Offenbar erfüllen körperliche Umgestaltungen die Bedürfnisse und Wünsche vieler Menschen. In einer Welt, in der wir ohne Unterlass im Wettbewerb stehen und uns abgewertet fühlen, spielen Umgestaltungen eine wichtige Rolle für unser Selbstwertgefühl. Die ›Umgestaltung‹ unseres Körpers ist auch insofern notwendig, als dass immer weniger Verlass ist auf die Familie oder das Gesundheitssystem, um unsere körperlichen Gebrechen aufzufangen. Die gesellschaftlichen und wirtschaftlichen Kosten von Krankheiten ebenso im Hinterkopf wie die Tatsache, dass niemand mehr für uns da ist – da Eltern, Partner*innen, Freund*innen, alle überfordert sind und an den Grenzen ihrer Belastbarkeit leben –, machen wir Diäten, fahren Rad, strömen in die Fitnessstudios, meditieren. Wenn wir krank werden, ist es unsere Schuld, so heißt es. Ärzt*innen fragen uns nicht, ob wir neben einer Chemikaliendeponie leben oder Geldprobleme haben, sondern wie viel Alkohol wir trinken, wie viele Zigaretten wir rauchen, wie viele Kilometer wir laufen. Auch der gesellschaftliche Druck spielt eine Rolle. Obwohl es in keinem Tarifvertrag geschrieben steht, ist es heute eine indirekte Voraussetzung für jeden Job und ein Vorteil im Bewerbungsgespräch, sich gesund zu halten und ein gutes Erscheinungsbild abzugeben.

Notwendigkeit ist jedoch nur ein Element des aktuellen Körperkults. Begehren ein noch viel wichtigeres.

So strapaziös und teuer kosmetische Eingriffe, pharmazeutische Therapien oder andere Formen der Körperumgestaltung auch sein mögen, sie wirken – auf diejenigen, die es sich leisten können – vielversprechender als das Warten auf die Entwicklung einer egalitären Gesellschaft, in der das Aussehen keine Rolle mehr spielt. Andererseits ist die Politik der Körperumgestaltung in vielerlei Hinsicht problematisch. Abgesehen von der Gefahr durch Nebenwirkungen und Kunstfehler besteht Grund zu der Annahme, dass körperliche Umgestaltungen Einzelfalllösungen bleiben und so den Prozess der gesellschaftlichen Teilung und Ausgrenzung fördern, wenn ›Körperpflege‹ – insbesondere dann, wenn Operationen im Spiel sind – mehr Geld, Zeit und Zugang zu Dienstleistungen und Ressourcen erfordert, als die Mehrheit aufbringen kann. Schon jetzt differieren die

Erscheinungsbilder immer mehr. Während die Körper einiger immer fitter und perfekter werden, steigt die Zahl derer, die sich aufgrund von Übergewicht, Krankheit und schlechter Ernährung kaum noch bewegen können. *Körper und Welten driften auseinander.*

Hier braucht es eine neue Körperpolitik, die uns zeigt, wie der Umgang mit unseren Körpern und ihren Umgestaltungsprozessen in einen breiteren Kontext gesellschaftlicher Emanzipation passen könnte, damit unsere Überlebensstrategien nicht jenen gesellschaftlichen Kräften mehr Macht verleihen, die viele von uns in den Tod schicken, und nicht zu einem Wohlbefinden beitragen, dessen Preis und Inhalt uns von anderen entfernen.

Für Frauen besteht die zusätzliche Gefahr, eine ästhetische Disziplinierung zu akzeptieren, die wir in den 1970ern abgelehnt haben. In der feministischen Bewegung verweigerten wir uns der Einteilung in schön und hässlich sowie der Konformität mit den aktuellsten Schönheitsidealen, die uns diktiert wurden und oft mit qualvollen Diäten auf Kosten unserer Gesundheit verbunden waren.[5] Des Weiteren wurde durch den Aufstieg des Feminismus, wie auch im Zuge der Black-Power-Bewegung, Schönheit neu definiert. Wir waren füreinander schön, weil wir rebellisch waren, weil wir durch die Befreiung von einer frauenfeindlichen Gesellschaft neue Wege des Seins erforschten, neue Wege, zu lachen, zu umarmen, unser Haar zu tragen, die Beine zu kreuzen, neue Wege, zusammen zu sein und Liebe zu machen.

Wir hegten auch ein gesundes Misstrauen gegen die Medizin, von der sich heute viele von uns eine Wiedergeburt erhoffen.[6] Vielleicht weil es heute viele weibliche Ärztinnen gibt, hat die Angst vor der Medizin als staatlicher Institution abgenommen. Durch die Entwicklung der Biotechnologie erscheinen Ärzt*innen heute sogar als wohltätige Magier*innen, die nicht nur den Schlüssel zu unserem Wohlergehen in der Hand halten, sondern auch zu Metamorphosen, die unser Leben revolutionieren sollen. Obwohl es jedoch viele wohlmeinende und sorgsame Ärzt*innen geben

5 Zu diesem Thema siehe das exzellente Werk von Susan Bordo, *Unbearable Weight* (1993).

6 Die intensive Kraft dieses Misstrauens trat mir erst kürzlich wieder vor Augen, als ich *Hexen, Hebammen und Krankenschwestern* (2010) von Barbara Ehrenreich und Deirdre English noch einmal las. Das Buch zeigt eindrucksvoll, wie die Geschichte des Aufstiegs der medizinischen Profession auf allen Ebenen mit der Unterdrückung der weiblichen Heilungspraktiken als Instrument der gesellschaftlichen Disziplinierung der Frau verbunden war, vollzogen durch die Verfolgung von Heilerinnen als Hexen und der Verdrängung von Hebammen.

mag, steht die Medizin als Institution noch immer unter der Kontrolle der Herrschenden und des Marktes und wir tun gut daran, nicht ihre Geschichte im Dienste des Kapitalismus zu vergessen, der unablässig versuchte, unsere Menschlichkeit umzumodellieren und unseren Widerstand gegen die Ausbeutung zu brechen. In der Tat ließe sich ein ganzes Buch über die disziplinierende Funktion der Medizin schreiben. Von den Massensterilisierungsprogrammen im Geiste der Eugenik bis zur Erfindung der Lobotomie, Elektroschocks oder psychoaktiven Drogen – die Geschichte der Medizin zeigt einen konstanten Willen zur sozialen Kontrolle und die Entschlossenheit, unsere widerspenstigen Körper umzuprogrammieren, um uns gefügiger und produktiver zu machen.

Ärzt*innen führten zum Beispiel nicht nur einen Krieg gegen Intersexuelle, Lesben und Schwule sowie Frauen, die sich der häuslichen Disziplin verweigerten. In den 1950ern wurden Schwarze Menschen aller Altersklassen und als behindert eingestufte Kinder schrecklichen Experimenten unterzogen. Ahnungslose Schwarze Erwachsene und Kinder erhielten beispielsweise wiederholt Injektionen radioaktiven Materials.[7] Es ist bemerkenswert, dass keine*r der Ärzt*innen für diese Experimente zur Rechenschaft gezogen oder strafrechtlich verfolgt wurde, während in den Nürnberger Prozessen Nazi-Wissenschaftler*innen für ähnliche Verbrechen zum Tode verurteilt wurden. Im Gegenteil bauten viele von ihnen glänzende Karrieren auf solchen Programmen auf (Hornblum et al. 2013, S. 155, 176).

Selbst in ihrer besten Form ist die Medizin ein Minenfeld. Sie richtet sich mehr nach den Interessen von Versicherungsgesellschaften, Finanzierungsquellen und Karriereoptionen als nach unserem Wohlergehen und verspricht uns Lösungen, die sich oftmals gegen uns richten. Nehmen wir die nach wie vor andauernde Terrorkampagne zur Warnung vor schlechten Genen in unserer DNA,[8] die nur darauf lauerten, über uns herzufallen und uns ins Grab zu bringen. So viel Schrecken hat die Kampagne verbreitet,

7 Zu diesem Thema siehe James H. Jones, *Bad Blood* (1993), sowie A.M. Hornblum, Judith L. Newman und Gregory J. Dober, *Against their Will: The Secret History of Medical Experimentation on Children in Cold War America* (2013); und Eileen Welsome, *The Plutonium Experiment* (1993).

8 Im August 2019 veröffentlichte das *National Cancer Institute* einen Leitfaden für Frauen, die einmal von Brustkrebs betroffen waren, mit dem dringenden Rat, BRCA-Tests zur Feststellung ihres Risikos für Brust- und Eierstockkrebs durchführen zu lassen, obwohl es viele Beweise dafür gibt, dass Brustkrebs aller

dass sich Frauen schon freiwillig für präventive Mastektomien entschieden haben, eine traumatische Prozedur mit unbekannten Folgen, die ihrer Gesundheit vermutlich mehr Schaden zufügt als die schlechten Gene, die sie angeblich in sich tragen. Währenddessen nimmt die Verschmutzung des Wassers, der Nahrung und der Luft zu; unser Stresslevel, die schiere Verzweiflung angesichts der Überstunden, mangelnder Hoffnung für die Zukunft und die Prekarisierung unserer Existenz eskalieren. Bisher ungekannte Allergien haben inzwischen epidemische Ausmaße angenommen – ohne dass die Medizin diese wohlbekannten Ursachen unserer Erkrankungen anprangert oder sich für einen Wandel einsetzt. Besonders Frauen sind von der Verantwortungslosigkeit der Ärzt*innen im Umgang mit unserem Körper betroffen. Nehmen wir die vielen Frauen, die durch ärztlich abgesegnete Silikonimplantate Krebs bekommen haben, oder die leichtsinnige Verbreitung von Verhütungsmitteln wie Depo Provera oder Norplant, die der Gesundheit nachweislich schaden. Diese Verhütungsmittel dienen nicht der Selbstbestimmung, sondern der gesellschaftlichen Kontrolle. Erwähnenswert ist hier noch die Zunahme unnötiger Kaiserschnitte, und das alles sind nur wenige Beispiele von vielen.

Der kartesische Traum des Kapitals

Darüber hinaus treten wir, wie Finn Bowring in *Science, Seeds and Cyborgs* (2003) sehr gut darstellt, in eine neue Phase der Erschaffung eines ›immateriellen‹ menschlichen Wesens ein, frei von den Einschränkungen einer endlichen biologischen Struktur, die sich über Milliarden von Jahren entwickelt hat. Kurz gesagt, die Erschaffung einer körperlosen Menschheit wird nun offen zum gesellschaftlichen Ideal erklärt. Wie Bowring und andere zeigen, entstand dieses Vorhaben nicht in einem luftleeren Raum. Seit den 1980ern geistern mechanistische Konzeptionen des Körpers als Flickwerk dezentraler Mechanismen, die nach unseren Wünschen und Bedürfnissen neu angeordnet werden können, durch die Philosophie, Soziologie und sogar die feministische Theorie. Ausgehend von der notwendigen Ablehnung der Dichotomie von Natur/Kultur entstanden Konzepte, die Biologie als etwas Veränderbares darstellen und somit unser Verständnis

Wahrscheinlichkeit nach durch Umweltfaktoren verursacht wird wie die hohe Pestizidbelastung (nicht nur) in unserer Nahrung und unserem Wasser.

für die Konsequenzen medizinischer Experimente mit unseren Körpern beeinflussen. Wenn Bowrings Einschätzung stimmt, dann stehen Klonverfahren, Genmanipulationen und Gentransplantationen auf der Agenda der menschlichen Umgestaltung, nachdem sie bereits auf die Tier- und Pflanzenwelt angewendet wurden.[9] Ein wissenschaftlicher Forschungszweig ist der Suche nach Möglichkeiten gewidmet, uns von den Grenzen unseres physischen und geistigen Vermögens zu emanzipieren, zum Beispiel durch die Einpflanzung elektronischer Hirnprothesen, mit denen wir schneller denken und lesen, mehr Informationen abspeichern können und immer weniger von den physischen Bedingungen unserer körperlichen Verfassung, wie dem Bedürfnis nach Nahrung und Schlaf, abhängig sind.

Zweifellos würde nur ein ausgewählter Teil der Bevölkerung in den Genuss dieses Upgrades kommen. Wie man an der globalen Organisation der Produktion ablesen kann, ist das Kapital noch immer auf warme Körper angewiesen, die es ausbeuten kann, einschließlich der von Kindern, so rückständig sie aus Sicht des kapitalistischen Traums einer Welt von Cyborgs auch sein mögen. Die Modifizierung oder der Ersatz unserer alten/endlichen Körper durch technologische Alternativen wird allerdings zu einer dringenden Notwenigkeit, da die kapitalistischen Planer*innen (und auch einige Linke) den Weltraum als neues Erschließungsgebiet der Produktion betrachten und Maschinen programmiert werden, die schnell unsere Fähigkeit, sie zu bedienen, übersteigen. Alles in allem ist Frankensteins Traum zurückgekehrt, nicht nur in Form eines Roboters in menschlicher Gestalt, sondern auch als technologisch verbesserter Mensch, dem die Mikrochipimplantate aktuell den Weg bereiten.

Umgestaltung unserer Körper oder Umgestaltung der Medizin?

In welchem Umfang und wie schnell die voraussehbaren Veränderungen auch kommen werden, sicherlich werden Ärzt*innen in diesem Prozess die Hauptrolle spielen und daher müssen wir im Blick haben, dass eine vorgeblich zu anderen Zwecken betriebene medizinische Forschung zu einem selbstverursachten evolutionären Sprung unserer körperlichen Konstitution

9 Zur Erschaffung von Tieren mit neuen Merkmalen durch den Transfer der DNA anderer Tierarten siehe Bowring (2003), S. 117–22.

führen könnte, welcher wahrscheinlich nicht von dem Wunsch inspiriert sein wird, unser Wohlbefinden zu steigern. Wie die Geschichte der Eugenik und die abscheulichen Experimente an Schwarzen Erwachsenen und sogar Kindern, die ihren Höhepunkt im Kalten Krieg erreichten, gezeigt haben, hat die Medizin in den USA eine dunkle Vergangenheit, die uns vor ihren Versprechungen und der Macht, die sie durch unsere Zustimmung erhält, warnen sollte.

Wir sollten also Mediziner*innen nicht mehr zu gottgleichen Schöpfer*innen unserer Körper erheben und stattdessen unseren Aktivismus darauf ausrichten, Wege zu finden, wie wir Kontrolle über unser Verhältnis zur Medizin erlangen können. Dafür gibt es viele Beispiele. Zur Mitte des 19. Jahrhunderts entstand in den USA eine Volksgesundheitsbewegung, die die Menschen dazu anregte, sich selbst medizinische Kenntnisse anzueignen, da sie die Schulmedizin für elitär und undemokratisch hielt.[10] In den 1970ern gründeten Feminist*innen in Chicago und anderen Orten in den USA geheime Kliniken, in denen Abtreibungen vorgenommen wurden, für den Fall, dass diese weiterhin verboten blieben. Später in den 1980ern entstand durch ACT UP (*AIDS Coalition to Unleash Power*) als Antwort auf die Tatenlosigkeit der Reagan-Regierung angesichts der AIDS-Krise ein bemerkenswertes Netzwerk von Ärzt*innen, Forscher*innen, Pfleger*innen sowie homosexuellen Aktivist*innen, die nach neuen Heilmitteln suchten, Druck auf die Pharmakonzerne ausübten, damit diese ihre Preise für lebensrettende Medikamente senkten, und so der ganzen Welt ihre Entschlossenheit und ihr Vermögen, ihren homosexuellen Brüdern zu helfen, demonstrierten. Sowohl die feministische Selbsthilfegruppe als auch ACT UP hatten einen starken Einfluss auf die Schulmedizin und zeigten exemplarisch, wie Fürsorge aussehen kann. Angesichts der Ausweitung der medizinischen Technologien zur Umgestaltung unseres Körpers wird es immer wichtiger, zu verstehen, welche Auswirkungen diese auf unsere Gesundheit

10 Eine ausführliche Diskussion dieser Volksbewegung und ihrer Beziehung zum feministischen Aktivismus findet sich in Ehrenreich und English (2001), S. 44–48. Sie schreiben: »Das Rückgrat der Volksgesundheitsbewegung waren die Frauen.« Der Fokus der Bewegung habe eher auf der Demokratisierung des medizinischen Wissens und präventiver Pflege als auf Behandlungstherapien gelegen. »Unseren ›Selbsthilfegruppen‹ entsprechende ›Physiologische Frauenvereinigungen‹ schossen überall aus dem Boden. Sie brachten die einfachen Grundbegriffe der Anatomie und Körperpflege an die Öffentlichkeit [ ]. ›Jedermann sein eigener Doktor‹ hieß das Motto [ ]« (S. 44–45). Siehe auch Paul Starr (1982).

UNRAST VERLAG

Bücher der Kritik

UNRAST

Ngugi wa Thiong'o

Afrika sichtbar machen!

Essays über Dekolonisierung und Globalisierung

156 S. | 14 €
ISBN 978-3-89771-276-8

Debattenbeitrag zu Afrikas vergangener und zukünftiger Stellung in der Welt

Die sehr persönlichen Essays dieses Buches behandeln Fragen zur Rolle der Kulturschaffenden und Intellektuellen in afrikanischen Gesellschaften, die Analyse politischer Kämpfe in einer Ära des entfesselten Kapitalismus sowie die Nachwirkungen der Sklaverei und die Aussichten auf eine gerechte und friedvolle Zukunft. In einer Zeit, in der Afrika in den Diskussionen über die Globalisierung weitgehend ignoriert wird, wird *Afrika sichtbar machen* zur Pflichtlektüre.

Henning Melber

Der lange Schatten des deutschen Kolonialismus

Verdrängung, Verleugnung, Umdeutung

356 S. | 24 €
ISBN 978-3-89771-313-0

Ein schonungslos aufklärender Blick auf die Geschichte deutscher Verbrechen gegen die Menschlichkeit und den gegenwärtigen Umgang

Eine Studie über die in den Jahren 1904–1908 in ›Deutsch-Südwestafrika‹ (heutiges Namibia) durchgeführte Vernichtungspolitik, ihre Anerkennung als Völkermord und die politische Kampagne dagegen.

»Eine äußerst engagierte, analytisch brillante Studie über den deutschen Kolonialismus.«

Joachim Zeller, Zeitschrift für Geschichtswissenschaft

haben, welche Vorteile sie uns bieten, inwiefern wir sie wirklich brauchen oder ob wir als Versuchskaninchen benutzt werden. Heute existieren nur wenige solcher Initiativen. ACT UP hat keine Nachahmer*innen gefunden. Abgesehen von einem wachsenden Netzwerk von Gesundheitsprojekten, aufgebaut von Schwarzen Frauen, wird die Mobilisierung rund um das Gesundheitswesen hauptsächlich von oben organisiert – etwa in Form der vielen Märsche und Marathons zugunsten der Krebsmedizin, gegen Brustkrebs etc. – und besteht darin, dass wir an etliche Institute spenden. Was zur Prävention einer Krankheit getan werden könnte, lehrt man uns dagegen nicht.

Insgesamt lässt sich sagen, dass unser Verhältnis zur Erschaffung und Abschaffung unserer Körper – ob in Form der Behandlung von Krankheiten, kosmetischer Chirurgie oder strukturellerer Umgestaltungen – von einer Institution abhängt, die von Wirtschafts- und Regierungsvorgaben bestimmt wird. Und dennoch besteht die Möglichkeit, medizinische Kenntnisse, Sorgen und Ängste mit anderen Menschen in unseren Nachbarschaften und Städten zu teilen, uns mit wohlgesinnten Krankenpfleger*innen und Ärzt*innen zu verbinden, die innerhalb der Institutionen arbeiten. Diese Option sollten wir verfolgen, damit wir ein kollektives Verständnis für die Transformationen entwickeln, denen unsere Körper unterworfen sind, und eine kollektive Macht, mit der wir die uns zustehende medizinische Hilfe einfordern. Wenn wir an den Entscheidungen, die tiefgreifende Auswirkungen auf unser Leben haben, mitwirken und diese Entscheidungen von Wirtschaftsinteressen oder menschlichen Experimenten abgrenzen können, wird dies unser Leben nachhaltiger verändern als jede Umgestaltung unseres Körpers.

SECHS
Leihmutterschaft – ein Geschenk des Lebens oder verwehrtes Mutterglück?

Der Vorwurf, der Kapitalismus verwandle weibliche Körper in Maschinen zur Produktion von Arbeitskraft, ist ein zentrales Thema der feministischen Literatur seit den 1970ern. Die Entstehung der Leihmutterschaft ist in dieser Entwicklung allerdings ein Wendepunkt, versteht diese doch Schwangerschaft als rein mechanischen Prozess, als entfremdete Arbeit, bei der die dafür engagierte Frau nicht emotional involviert sein darf. Leihmutterschaft ist auch hinsichtlich der Kommerzialisierung des menschlichen Lebens eine Neuerung, da sie letztlich eine Organisation und Legitimierung von Kinderhandel ist und Kinder als Eigentum definiert, das übertragen, gekauft und verkauft werden darf. Genau das ist das Wesen der Leihmutterschaft, einer Praxis, die bereits in vielen Ländern, zuvorderst den USA, verbreitet, aber noch immer von einer Wolke der Mystifizierung umgeben ist.

Wie die italienische feministische Soziologin Daniela Danna in *Contract Children* (2015) aufzeigt, ist schon das Konzept der ›Leihmutterschaft‹ irreführend, da es suggeriert, die ›austragende Mutter‹ sei nicht die echte, sondern nur ›eine Gehilfin‹, die im Auftrag der ›echten Mutter‹ handle – von der das Ei stammt, welches die Leihmutter dann in ein Kind verwandelt. Gerechtfertigt wird diese Terminologie seitens der neuen Reproduktionstechnologie – der In-vitro-Fertilisation (IVF) und dem Embryotransfer –, welche den Anschein erweckt, die Besitzer*innen des implantierten Eis hätten Eigentumsrechte am Kind, weil die austragende Mutter nicht genetisch verwandt mit ihm sei. Danna entlarvt dies als trügerisches Argument, das nur durch ein abstraktes Verständnis von Eigentum aufrechterhalten werden kann wie auch durch die Leugnung der Tatsache, dass die ›austragende Mutter‹ diejenige ist, die das Kind materiell erschafft und ernährt. Dieser Prozess beinhaltet nicht nur neun Monate Arbeit, sondern auch die Übertragung genetischen Materials, da das Kind tatsächlich aus ihrem Fleisch und Blut entsteht (S. 68).

Dank dieser Mystifizierung und der Entwicklung einer wirtschaftlichen und institutionellen Unterstützungsmaschinerie, die aus Versicherungsgesellschaften, Ärzt*innen und Anwält*innen besteht, hat sich die Praxis der Leihmutterschaft in den letzten 30 Jahren stark ausgeweitet. Zurzeit werden jährlich Tausende Kinder auf diese Weise geboren und in einigen Ländern wurden sogar ›Babyfarmen‹ eröffnet, in denen ›Leihmütter‹ befruchtet und während ihrer Schwangerschaft untergebracht werden. In Indien gab es vor dem Verbot der transnationalen Leihmutterschaft 2015 beispielsweise 3.000 solcher Kliniken (Vora 2019), die die Infrastruktur für eine Zuchtindustrie bildeten, welche den weiblichen Körper fast vollständig in eine Fortpflanzungsmaschine verwandelt.

Einige Hürden bestehen noch. In den meisten Ländern der Europäischen Union ist die Leihmutterschaft offiziell noch verboten oder beschränkenden Regulierungen unterworfen. In den Niederlanden beispielsweise hat die Leihmutter das Recht, einige Wochen nach der Geburt zu entscheiden, ob sie sich von dem Kind trennen möchte. Wie Danna und andere jedoch herausstellen, werden diese Einschränkungen zunehmend ausgehöhlt und die Regulierung dieser Praxis führt nicht zu ihrer Begrenzung, sondern auf schnellstem Wege zu ihrer Anerkennung vor dem Gesetz.

In Streitfällen oder zur Vereinfachung der gesetzlichen Anerkennung von Kindern, die von Leihmüttern im Ausland ausgetragen wurden, wird aktuell nach dem Grundsatz entschieden, was ›das Beste im Interesse des Kindes‹ ist. Dies dient jedoch dem Zweck, das Gesetz zu umgehen und die sozial diskriminierenden sowie rassistischen Implikationen dieser Praxis zu legitimieren, da die Interessen wohlhabender weißer Paare im Namen des Kindes immer priorisiert werden.

Kritisiert wird auch der Zwangscharakter der ›Verträge‹, die die Leihmutter zur Herausgabe des Kindes nach der Entbindung verpflichten. Die Leihmutterschaft ist ein Paradebeispiel für die entscheidende Rolle der Gesetzgebung in der Durchsetzung neoliberaler Reformen, da Verträge als heilig betrachtet werden und den Umständen, unter denen sie unterzeichnet werden, keine Bedeutung beigemessen wird. Wie jedoch der berühmte Fall vom ›Baby M‹[1] gezeigt hat, fällt es Frauen zum Zeitpunkt der Ver-

1 ›Baby M‹ nannten das Gericht und die Medien das Kind von Mary Beth Whitehead, einer Leihmutter aus New Jersey, die nach der Geburt ihrer Tochter am 27. März 1986 beschloss, das Kind nicht an das Paar abzugeben, das sie beauftragt hatte. Der Prozess, der sich über ein Jahr hinzog und damit endete, dass das Paar das

tragsunterzeichnung schwer, vorherzusehen, wie sie sich fühlen werden, nachdem sie neun Monate lang Tag für Tag erlebt haben, wie neues Leben in ihrem Leib heranwächst. In den Verträgen werden zudem auch nicht die Auswirkungen der Trennung vom Kind berücksichtigt. Stattdessen werden die Verträge immer komplexer und enthalten immer mehr Vorgaben. Sie schreiben der Leihmutter nicht mehr nur vor, das Kind nach der Geburt abzugeben, sondern üben eine strikte Kontrolle über ihren Alltag während der Schwangerschaft aus, in Bezug auf medizinische Behandlungen, Sexualverhalten, Nahrungsaufnahme und vieles weitere. Nicht zuletzt kam in dem Versuch, diese Praxis argumentativ zu legitimieren, die Überlegung auf, ein gesetzliches *Recht auf Elternschaft* einzuführen, für das die Leihmutterschaft die Grundlage bildet. Dieses Argument wird bereits vorgebracht, überraschenderweise sogar in radikalen Kreisen, im Namen schwuler männlicher Paare, die scheinbar auf eine Leihmutter angewiesen sind, um ihre vermeintlich umfassenden Elternrechte zu realisieren.

Zusammengefasst deutet alles darauf hin, dass die Zukunft der Leihmutterschaft gehört. Im Zuge ihrer Normalisierung ist es jedoch wichtig, auf ihre diskriminierenden und rassistischen Grundsätze hinzuweisen sowie auch auf ihre destruktiven Folgen für die so gezeugten Kinder und die beteiligten Frauen. Besorgniserregend ist die Existenz einer Reihe von ›ausgesetzten Kindern‹, die aus unterschiedlichen Gründen in dem Land der ›Zieleltern‹ keinen legalen Status erhalten oder mit Behinderungen geboren werden und deshalb sowohl von der Leihmutter als auch vom den Auftrag gebenden Paar abgelehnt werden. In einer Enthüllungsreportage fand Reuters heraus, dass Adoptiveltern, zumindest in den USA, ihre im Ausland adoptierten Kinder problemlos übers Internet wieder loswerden, durch eine Praxis, die sich ›private Vermittlung (*rehoming*)‹ nennt und in keinster Weise reguliert wird.[2] Noch besorgniserregender ist die Tatsache, dass manche in Leihmutterschaft geborene Kinder in den Organhandel

Sorgerecht erhielt, löste eine rege Debatte über diese Praxis aus, zu der es damals in keinem einzigen US-Bundesstaat Regelungen gab.

2 Nach monatelangen Recherchen berichtete Reuters (Twohey 2013), dass in einer Yahoo-Gruppe im Durchschnitt jede Woche ein neues Kind zum ›rehoming‹ angeboten wurde. Da die Übertragung des Sorgerechts nicht mehr als eine Vollmacht und ein Formular aus dem Internet erforderte, konnten so sogar Personen mit Vorstrafen ein Kind aufnehmen. Laut Schätzungen der US-Regierung könnten seit den 1990ern mehr als 20.000 adoptierte Kinder von ihren Eltern weitergegeben worden sein.

gelangen, denn sobald die Transaktion vollzogen ist, kümmert sich keine Institution mehr darum, was aus den Kindern wird. In vielen Fällen werden sie in andere Regionen gebracht, Tausende Kilometer von ihrem Geburtsort entfernt.

Auch das Trauma, das die Neugeborenen durch die Trennung von ihren ›Geburtsmüttern‹ erleiden, ist nicht zu vernachlässigen. Seit der Erfindung der Leihmutterschaft ist noch nicht genügend Zeit vergangen, um auf einen ausreichenden Bestand von Fallstudien zugreifen zu können. Wir wissen jedoch, dass sich Mutter und Kind schon lange vor der Geburt kennen, dass ein Fötus bereits drei Monate nach seiner Zeugung die Stimme der Mutter wiedererkennen kann und die körperliche Verbindung zwischen den beiden so eng ist, dass das Kind gleich nach der Geburt weiß, wo es nach Nahrung und Schutz suchen muss (Merino 2017). Offenbar kommen manche Babys nicht zur Ruhe, wenn sie von ihrer Geburtsmutter getrennt werden und schreien monatelang (Danna 2015, S. 63, 65). Auch für die anderen Kinder der Leihmutter könnte der Anblick, wie ihre Mutter ihr Neugeborenes an Fremde weggibt, die traumatische Angst auslösen, ihnen könne dasselbe Schicksal widerfahren.

Nicht zuletzt leiden die Leihmütter unter dem Prozess. Obwohl es offenbar selten passiert, dass Mütter sich weigern, das Kind abzugeben, haben sich einige öffentlich dagegen ausgesprochen und es wären wohl noch mehr, wenn die Agenturen hinter diesen Geschäften nicht gründlich dagegen vorgehen würden. Die Leihmütter werden vertraglich dazu verpflichtet, keine Gefühle für das Kind in ihrem Leib zu entwickeln, und es werden alle möglichen Vorkehrungen getroffen, damit sie möglichst wenig Kontakt zu ihm haben. Bevorzugt werden Kaiserschnitte, damit das Kind bereits weg ist, wenn die Mutter aufwacht. Man versucht, die Leihmutter um den Finger zu wickeln. Ihr Mut und ihre Großzügigkeit werden gepriesen und ihre Trennung vom Kind als ultimative Probe ihres Altruismus dargestellt. Ihr wird ständig vorgehalten, dass sie nicht wirklich mit dem Kind verwandt und ihre Schwangerschaft anderen, nämlich den Ärzt*innen und den Erzeuger*innen oder ›Spender*innen‹ des befruchteten Eis, zu verdanken sei (Danna 2015, S. 135). Der Verlust ist trotz allem für viele spürbar. Vor allem für Frauen, die keine Vorstellung von den erforderlichen intensiven medizinischen Behandlungen und den damit verbundenen gesundheitlichen Risiken hatten oder die gehofft hatten, im weiteren Leben des Kindes eine Rolle zu spielen und dass, indem sie einem wohlhabenden Paar seinen

Kinderwunsch erfüllten, eine Verbindung entstünde, von der die anderen Mitglieder ihrer Familie profitieren würden (Vora 2019).

Es gibt noch andere Faktoren, die die Leihmutterschaft zum Inbegriff eines kapitalistischen Verständnisses sozialer Beziehungen machen. Während ihre Fürsprecher*innen sie als humanitäre Geste zeichnen, als Geschenk des Lebens, das sonst kinderlosen Paaren die Freuden der Elternschaft ermöglicht, bleibt die Tatsache bestehen, dass diese Aufgabe im Allgemeinen von Frauen aus den ärmsten Regionen der Welt ausgeführt wird und diese Praxis ohne die monetären Anreize nicht existieren würde. Folgerichtig beschreibt Angela Davis in »Surrogates and Outcast Mothers: Racism and Reproductive Politics in the Nineties« (1993) die Leihmutterschaft als Fortsetzung der Zuchtpraktiken auf den amerikanischen Versklavtenplantagen, da in beiden Fällen arme Frauen dazu gezwungen werden, ihre Neugeborenen zum Wohle der Reichen abzugeben.

Auch Dorothy Roberts betont die rassistischen Grundzüge der Leihmutterschaft. In ihrem Klassiker *Killing the Black Body* ([1997] 2017, S. 250–52) demonstriert sie, dass alle neuen Reproduktionstechnologien »rassistische Wertvorstellungen bezüglich der Fortpflanzung fördern«. Sie zeigt zum Beispiel auf, dass es mit großer Mehrheit weiße Familien sind, die nach Leihmüttern suchen, weil sie in obsessiver Sorge um ihr genetisches Erbgut sind und sich den Vorgang leisten können. Schwarze Familien hingegen haben oftmals weder die Mittel für einen solchen Weg, noch sind sie geneigt, sich mit ihren Problemen an die Medizin zu wenden, angesichts der schlimmen Erfahrungen, die sie mit Ärzt*innen und Krankenhäusern in der Vergangenheit gemacht haben. Außerdem besitzen sie ein anderes Verständnis von Elternschaft, das sich aus einer langen Geschichte der Versklavung und Unterdrückung entwickelt hat. In diesem Verständnis ist die gesamte Community für die in ihr lebenden Kinder verantwortlich und alle sind Schwestern und Brüder. Die Leihmutterschaft wird in der Tat hauptsächlich von Weißen praktiziert und ist ein Paradebeispiel dafür, wie das Recht auf Reproduktion strikt reguliert wird und wie die Technologie nicht nur die Spezialisierung befördert, sondern auch Klassenprivilegien und -unterschiede. Während die Medizin keine Mühen scheut, um unfruchtbaren, gut situierten Paaren das Kinderkriegen zu ermöglichen, wird dasselbe Recht heute nicht nur den Schwarzen Nachkommen der versklavten Afrikaner*innen verwehrt, sondern auch den unzähligen Frauen, die durch die internationale Wirtschaftspolitik verarmt sind, oftmals migrieren und ihre Kinder zurücklassen müssen, um sich in anderen Ländern um fremde Kinder zu kümmern, oder die von internationalen Organisationen und ihren lokalen Vertreter*innen gejagt werden, welche ihnen Empfängnisverhütungsmittel in den Körper einsetzen wollen, die die Frauen nicht selbst kontrollieren können (wie Norplant oder Spiralen). Der diskriminierende und rassistische Charakter der Leihmutterschaft wird insbesondere deutlich, wenn man sie ins Verhältnis zur ›Kriminalisierung der Schwangerschaft‹ Schwarzer Frauen in den USA setzt, die, sobald sie schwanger sind, so vielen Anschuldigungen ausgesetzt sind, dass sie laut der Anwältin für Gesundheitswesen Lynn Paltrow (2013) praktisch außerhalb der Verfassung stehen.

Wie bei der Hausarbeit beobachten wir auch im Falle der Leihmutterschaft die Entwicklung einer Arbeitsteilung, bei der die Fortpflanzung – reduziert auf einen mechanischen Prozess und losgelöst von allen affektiven Komponenten – outgesourct wird an Frauen in den ehemaligen Kolonialgebieten der Welt, die seit den späten 1970er-Jahren brutalen Sparprogrammen unterworfen wurden, welche zu massenhafter Verarmung und Enteignung der grundlegendsten Produktionsmittel geführt haben. Wie auch Maria Mies (1990) wiederholt beschreibt, ist die ›Unterentwicklung‹ in einem Teil der Welt eine notwendige Bedingung für die ›Entwicklung‹ in einem anderen. Frauen, die in den frühen 1980er-Jahren wegen des Vorwurfs, sie würden zur Überbevölkerung der Welt beitragen, noch praktisch zwangssterilisiert worden wären, werden nun ausgenutzt, um Kinder zur Welt zu bringen, die sie nicht ihr Eigen nennen können. Wieder einmal wird ihnen das Recht auf Mutterschaft verwehrt, das denjenigen mit besseren finanziellen Mitteln bedingungslos und gesetzlich verankert zugesprochen wird. Es herrscht ein krasser Unterschied zwischen der Rhetorik, die benutzt wird, um die Reproduktionsrechte der Bessergestellten zu betonen, oder die von Wissenschaftler*innen, Laboren und Ärzt*innen verwendet wird, die diese umsetzen, und der Rhetorik, mit der die Leihmutter adressiert wird, die vertraglich dazu verpflichtet wird, sich von ihren Gefühlen und selbst von der Solidarität gegenüber dem Kind in ihrem Leib zu distanzieren, als wäre ›es‹ ein rein physischer Auswuchs, ein Objekt, das nicht der Rede wert sei.

Am deutlichsten ist die Leihmutterschaft jedoch deshalb zu verurteilen, weil sie einen weiteren Schritt in Richtung der Annahme darstellt, dass Menschen gekauft und verkauft werden können wie jedes andere

Handelsgut und dass Kinder speziell zu diesem Zweck gezeugt werden können. Das ist nicht neu. Es erinnert an Marx' Ausführungen über die Folgen der Mechanisierung des Arbeitsprozesses, wozu gehörte, dass es für Kapitalist*innen lohnenswert wurde, Kinder und möglichst junge Personen zu kaufen. Das, so Marx, hätte auch die Beziehung zwischen Eltern und ihren Kindern verändert. »Der Arbeiter verkaufte früher seine eigene Arbeitskraft, worüber er als formell freie Person verfügte. Er verkauft jetzt Weib und Kind. Er wird Sklavenhändler« (Erstes Buch, Dreizehntes Kapitel, 3a: S. 356).

Dasselbe lässt sich über Frauen sagen, die vertraglich Leihmutterschaften eingehen. Sie bilden das Ende einer langen Reihe proletarischer Figuren, die Kinder als Mittel zum Überleben ansehen. Was die Leihmutterschaft jedoch unterscheidet, ist, dass der Verkauf des Kindes an eine andere Person lebenslang gilt. Das ist auch der Unterschied zwischen der Leihmutterschaft und der Prostitution, mit der sie oft verglichen wird. Während die Prostituierte anderen eine Dienstleistung und den temporären Gebrauch ihres Körpers verkauft, bietet die Leihmutter anderen im Austausch für Geld die vollständige Kontrolle über das Leben eines Kindes an.

Das soll keinesfalls als moralistischer Vorwurf gegen die Frauen verstanden werden, die zu Leihmüttern werden. Oftmals werden sie von Familienmitgliedern dazu gedrängt oder verfügen selbst über so wenig Zugang zu Ressourcen, dass sie dem ständigen Kampf ums Überleben die Vermietung ihrer Gebärmutter vorziehen, so wie manche ihre Niere, ihr Haar oder ihr Blut verkaufen. Es zeugt deutlich von der Armut der Leihmütter, dass manche die Monate der Schwangerschaft als Urlaub beschreiben, den sie zum ersten Mal im Leben erfahren. Wir müssen jedoch die immense Heuchelei in der Rhetorik rund um diese Praxis demaskieren, laut der sie ein Werk der Liebe, ein reiner Ausdruck von Altruismus, ein ›Geschenk des Lebens‹ ist, während die Tatsache außer Acht gelassen wird, dass sie von einigen der ärmsten Frauen der Welt ausgeführt wird und die Nutznießer*innen gut situierte Paare sind, die nach der Übergabe des Kindes keine weitere Beziehung zur Leihmutter wünschen.

Anstatt scheinheilig den Altruismus der Leihmütter zu preisen, sollten wir uns lieber die entsetzliche Armut vor Augen führen, die eine Frau dazu bringt, bereitwillig neun Monate lang ein Kind auszutragen, um das sie sich niemals kümmern wird und dessen Schicksal sie nie verfolgen darf. Uns sollte ebenfalls Sorge bereiten – wie es bei vielen Feminist*innen der Fall ist –, dass die Aufteilung und Spezialisierung in eine soziale, biologische und austragende Mutterschaft eine Abwertung dieses Prozesses, einst als Stärke der Frau angesehen, bedeutet sowie die Wiederherstellung eines sexistischen, patriarchalen, geradezu aristotelischen Verständnisses des weiblichen Körpers und der Frau selbst, die in der Rhetorik der Leihmutterschaft als passiv ein Leben austragend dargestellt wird, zu dem sie nichts beiträgt außer dem ›Rohmaterial‹.

Sollte Leihmutterschaft also *nicht* legalisiert werden? Diese Frage sollte stärker debattiert werden als bisher, da es dabei auch darum geht, in welchem Maße wir beim Schutz unseres Lebens auf den Staat vertrauen können. Gegen das Verbot spricht, dass die Legalisierung den Leihmüttern einen gewissen Schutz bietet, wohingegen eine Kriminalisierung sie größeren Risiken aussetzen würde, da die Praxis zweifellos im Geheimen fortgeführt werden würde. Es ist ebenso gefährlich, vom Staat eine strafgesetzliche Regelung und Verfolgung zu verlangen, da sich in der Vergangenheit gezeigt hat, dass sich diese stets gegen jene richten, die ohnehin schon Opfer sind. Wie sollen wir also dann die Kinder aus Leihmutterverhältnissen schützen? Welche Initiativen müssen wir ergreifen, um zu verhindern, dass sich der Handel mit menschlichem Leben weiter ausbreitet?

Teil Drei

SIEBEN
Durch Philosophie, Psychologie und Terror – die Umwandlung des Körpers in Arbeitskraft

»Es zeigte sich im Vierten Abschnitt bei der Analyse der Produktion des relativen Mehrwerts, daß alle Methoden zur Steigerung der gesellschaftlichen Produktivkraft der Arbeit in der kapitalistischen Form sich auf Kosten des individuellen Arbeiters vollziehn; daß alle Mittel zur Entwicklung der Produktion in Beherrschungs- und Ausbeutungsmittel des Produzenten umschlagen, daß sie den Arbeiter in einen Teilmenschen verstümmeln, ihn zum Anhängsel der Maschine entwürdigen, durch die Qual der Arbeit ihren Inhalt vernichten, ihm die geistigen Kräfte des Arbeitsprozesses entfremden, im selben Maße, worin dieser sich die Wissenschaft als selbstständige Kraft einverleibt; daß sie die Bedingungen, unter denen er arbeitet, beständig weiter verunstalten, ihn während des Arbeitsprozesses der kleinlichst gehässigen Despotie unterwerfen, seine Lebenszeit in Arbeitskraft verwandeln.« (Karl Marx, *Das Kapital*, Erstes Buch, »Das allgemeine Gesetz der kapitalistischen Akkumulation«, S. 572)

»Obgleich es auch noch so sehr seine Pseudotoleranz beteuert, unterwirft das kapitalistische System in all seinen Formen [...] auch weiterhin alle Wünsche [...] der Diktatur seiner totalitären Organisation, die auf Ausbeutung, Eigentum, [...] Profit, Produktivität basiert [...]. Unermüdlich setzt es seine schmutzige Arbeit fort [...], unterdrückt, foltert und zerteilt unsere Körper, um seine Gesetze in unser Fleisch zu schreiben [...]. Es nutzt jeden verfügbaren Zugang zu unserem Organismus, um den Tod in den Tiefen unseres Innern einzupflanzen.« (ins Deutsche übersetzt aus: Félix Guattari, *Soft Subversions*, 1996)

»Bei jedem Versuch entscheidet sich die Frage von Widerstand oder Unterwerfung unter eine Kontrolle neu.« (Gilles Deleuze, *Unterhandlungen*, 1993, S. 253)

Einführung: Warum der Körper?

Unterschiedliche Gründe sprechen dafür, dass wir trotz der umfangreichen Literatur, die es zu diesem Thema bereits gibt, über den Körper sprechen sollten.[1] Erstens wäre da die alte Weisheit, ›im Anfang war der

1 Eine frühere Version dieses Artikels wurde bei der Konferenz zur Theoretischen Psychologie in Thessaloniki am 28. Juni 2011 präsentiert.

Körper‹, mit seinen Bedürfnissen, seinen Stärken, seinen mannigfachen Widerstandsformen gegen die Ausbeutung. Wie oft angemerkt wird, gibt es keine soziale Veränderung, keine kulturelle oder politische Innovation, die nicht durch den Körper ausgedrückt, keine wirtschaftliche Praxis, die nicht auf ihn angewendet wird (Turner 1992). Zweitens bildet der Körper das Zentrum sowohl der wichtigsten philosophischen Debatten unserer Zeit als auch einer kulturellen Revolution, die in mancher Hinsicht das Projekt der 1960er und 1970er fortführt, welches die Befreiung der Triebe in den Vordergrund der politischen Arbeit rückte. Der Hauptgrund für die erneute Thematisierung des Körpers ist jedoch, dass wir durch die Auseinandersetzung mit der Frage, wie der Kapitalismus unsere Körper in Arbeitskraft verwandelt, die aktuelle Krise, die unsere Körper durchmachen, besser einordnen können und gleichzeitig besser aus unseren kollektiven und individuellen Krankheitsbildern neue anthropologische Paradigmen herauslesen können.

Mein analytischer Rahmen unterscheidet sich von der orthodoxen marxistischen Methodologie und von den Ausführungen über den Körper und disziplinäre Regimes seitens poststrukturalistischer und postmoderner Theorien. Im Gegensatz zu den orthodoxen marxistischen Beschreibungen der ›Entstehung des Proletariats‹ beschränkt sich meine Analyse nicht auf die Veränderungen des Körpers, die durch die Organisation des Arbeitsprozesses verursacht werden. Wie Marx erkannte, besitzt die Arbeitskraft keine eigenständige Existenz; »[d]ie Arbeitskraft existiert nur als Anlage des lebendigen Individuums« (Marx, 1872, S. 151), des lebendigen Körpers. Demnach können Menschen nicht allein durch die »Enteignung der Produzent*innen von ihren Subsistenzmitteln« oder mittels der Peitsche, des Gefängnisses oder der Schlinge dazu gezwungen werden, die Disziplin der abhängigen Arbeit zu akzeptieren. Um Menschen zur Arbeit im Dienste anderer zu zwingen, ob bezahlt oder unbezahlt, musste der Kapitalismus seit Beginn seiner Entwicklung bis heute den gesamten Prozess der gesellschaftlichen Reproduktion neu strukturieren. Er formte nicht nur unser Verhältnis zur Arbeit neu, sondern auch unser Gefühl für Identität, Raum und Zeit sowie unser Sozial- und Sexualleben.

Die Produktion von arbeitenden Körpern und neue ›disziplinäre Regimes‹ können daher nicht nur als Veränderungen in der Organisation der Arbeit oder als Folge ›diskursiver Praktiken‹ wahrgenommen werden, wie postmoderne Theoretiker*innen postulieren. Die ›Diskursproduktion‹ ist keine sich selbst generierende und erhaltende Aktivität. Sie ist ein integraler Teil wirtschaftlicher und politischer Planung und der dadurch entstehenden Widerstände. Tatsächlich könnten wir eine Geschichte der Disziplinierungen schreiben – ihrer Paradigmenwechsel und Verschiebungen – aus dem Blickwinkel der Kämpfe, die ihren Verlauf beeinflusst haben.

Die Wahrnehmung unseres Körpers als primär diskursiv lässt zudem außer Acht, dass der menschliche Körper Kräfte, Bedürfnisse, Wünsche hat, die sich in einem langen Prozess der Koevolution mit unserer natürlichen Umwelt entwickelt haben und nicht so leicht zu unterdrücken sind. Wie ich an anderer Stelle bereits schrieb, begrenzt diese akkumulierte Struktur von Bedürfnissen und Wünschen, die seit Tausenden von Jahren die Voraussetzung für unsere gesellschaftliche Reproduktion ist, erheblich die Ausbeutung der Arbeit, weshalb der Kapitalismus von Anbeginn an danach strebte, unseren Körper zu zähmen und ihn zu einem Signifikanten für alles Materielle, Physische, Endliche und der ›Vernunft‹ Entgegengesetzte zu machen.

Der Körper im Kapitalismus: vom magischen Körper zur Körpermaschine

In *Caliban und die Hexe* (2017) führte ich die ›historische Schlacht‹ des Kapitalismus gegen den Körper auf eine neue politische Sichtweise zurück, die die Arbeit als Hauptquelle der Akkumulation positionierte, wodurch der Körper zur *Voraussetzung der Existenz der Arbeitskraft* und zum Hauptelement des Widerstands gegen seine Nutzung wurde. Daher rührt der Aufstieg der ›Biopolitik‹, die nicht als allgemeine ›Verwaltung des Lebens‹ gedacht war, sondern als ein Prozess, der, historisch gesehen, konstante soziale und technologische Innovationen erforderte sowie die Zerstörung aller Lebensformen, die mit der kapitalistischen Organisation der Arbeit nicht vereinbar waren.

In diesem Kontext habe ich den Kampf gegen die Magie im 16. und 17. Jahrhundert sowie den temporären Aufstieg der mechanizistischen Philosophie als Schlüsselaspekte für die Entwicklung eines neuen Körperbegriffs und die Entstehung einer neuen Zusammenarbeit zwischen Philosophie und Staatsterrorismus herausgestellt. Beides führte, wenn auch mit unterschiedlichen Mitteln und auf unterschiedlichen Ebenen, zu einem neuen konzeptuellen und disziplinären Paradigma, dem Bild von einem seines autonomen Vermögens beraubten Körper, unveränderlich in Zeit und Raum, fähig zu einheitlichen, gleichförmigen, kontrollierbaren Verhaltensformen.

Im 16. Jahrhundert war bereits ein Disziplinarsystem in Gang gesetzt, das unablässig die Erschaffung eines Individuums verfolgte, welches sich für abstrakte Arbeit eignete, doch es erforderte eine ständige Umrüstung, um sich an die Veränderungen der Arbeitsorganisation, technische Innovationen und den Widerstand der Arbeiterschaft gegen ihre Unterdrückung anzupassen.

Diesen Widerstand im Blick können wir beobachten, dass sich die mechanizistische Auffassung des Körpers im 16. Jahrhundert am Modell der durch eine Pumpe oder einen Hebel von außen gesteuerten Maschine orientierte, während im 18. Jahrhundert der Körper bereits eher als organische, von sich aus bewegliche Maschine verstanden wurde. Mit der Entstehung des Vitalismus und der ›Instinkttheorie‹ (Barnes und Shapin 1979, S. 34) geht ein neues Verständnis des Körperlichen einher, das eine neue Art der Disziplinierung zulässt, welche weniger auf der Peitsche beruht, sondern eher von den Funktionen innerer Dynamiken abhängt, was wahrscheinlich ein Zeichen für die wachsende Internalisierung der disziplinären Voraussetzungen des Arbeitsprozesses durch die Arbeiterschaft im Zuge der Konsolidierung der Lohnarbeit ist.

Doch der größte Beitrag, den die politische Philosophie der Aufklärung in Bezug auf das Spektrum der Instrumente zur Transformation des Körpers in Arbeitskraft leistete, lag darin, die Arbeitsdisziplin und die Beseitigung von Querulant*innen wissenschaftlich zu rechtfertigen. Als Ersatz für den Verweis auf Hexerei und Teufelsanbetung wurden im 18. Jahrhundert die Biologie und Physiologie herangezogen, um ›Rassen‹- und Gender-Hierarchien sowie die Erzeugung unterschiedlicher disziplinärer Regimes entsprechend der aufkommenden geschlechtsspezifischen und internationalen Arbeitsteilung zu rechtfertigen. Das intellektuelle Projekt der Aufklärung drehte sich zu einem Gutteil um diese Entwicklung. Im Zuge dieses Projektes wurden ›Rasse‹ und Geschlecht erfunden (Schiebinger 1995; Bernasconi 2011, S. 11–36) und neue monetäre Theorien ausgearbeitet, in denen Geld als Anreiz für Arbeit statt als Zeugnis früheren Wohlstands verstanden wurde (Caffentzis 2000; Caffentzis [noch nicht erschienen]). In der Tat können wir die Kultur und Politik der Aufklärung – die Debatten zwischen Monogenist*innen und Polygenist*innen[2], die Rekonstruktion der männlichen/weiblichen Physiologie als grundsätzlich verschieden (Laqueur 1992), die anatomischen Studien, die die Überlegenheit des weißen, männlichen Gehirns ›wissenschaftlich demonstrierten‹ (Stocking 1988) – nicht verstehen, solange wir diese Phänomene nicht mit der Naturalisierung der unterschiedlichen Ausbeutungsformen, vor allem jenen jenseits der Lohnarbeit, in Verbindung bringen.

Es liegt nahe, in diesem Kontext auch das Aufkommen eines organischeren Modells des Mechanizismus, das sich im 18. Jahrhundert in Philosophie und Wissenschaft zeigte, mit der zunehmenden Zweiteilung der Arbeiterschaft zu verknüpfen sowie mit der Entstehung eines weißen, männlichen Proletariats, das sich noch nicht ganz selbst beherrschte, doch, wie Peter Linebaugh in *The London Hanged* (1992) gezeigt hat, zunehmend die Disziplin der Lohnarbeit akzeptierte. Mit anderen Worten liegt die Vorstellung nahe, dass die Entwicklung der Theorie des Magnetismus in der Biologie und der Theorie der Instinkte in der Philosophie und politischen Ökonomie (z.B. ›Handelsinstinkt‹) sowie die Rolle der Elektrizität und Schwerkraft in der Physik oder Naturphilosophie – die alle dem Körper eine Art Verstand und die Fähigkeit, sich aus eigenem Antrieb zu bewegen, zuschrieben – die zunehmende Arbeitsteilung und dementsprechend die zunehmende Spezialisierung in der Transformation von Körpern in Arbeitskraft widerspiegelten. Diese Hypothese bedarf weiterer Nachforschungen. Mit Sicherheit lässt sich aber sagen, dass wir im Zuge der Aufklärung einen neuen Schritt in der Assimilation von Mensch und Maschine beobachten können und dass die veränderten Ansichten über die menschliche Biologie einem neuen mechanistischen Verständnis des Menschen/seiner Natur den Boden bereiten.

2 Anmerkung der Übersetzerin: Monogenismus und Polygenismus sind gegensätzliche Theorien über die Abstammung der Menschheit. Im Monogenimsus stammen alle Menschen, der Lehre der Katholischen Kirche entsprechend, von einem ›Urvater‹ ab. Vertreter*innen des Polygenimsus glauben hingegen, dass die unterschiedlichen ›Rassen‹ keinen gemeinsamen Ursprung haben.

Psychologie und die Transformation des Körpers in Arbeitskraft im Industriezeitalter

Gegen Ende des 19. Jahrhunderts übernahm die Psychologie die Aufgabe, die Erschaffung der ›Menschmaschine‹ zu perfektionieren, womit sie die Philosophie aus ihrer strategischen Rolle verdrängte. Durch ihre Beschäftigung mit psycho-physischen Gesetzen und den Glauben an kausale Regelmäßigkeiten wurde die Psychologie zur Handlangerin des Taylorismus. Ihre Funktion war es, den psychischen Schaden der Arbeiter*innen durch dieses System zu begrenzen und angemessene Verbindungen zwischen Menschen und Maschinen zu schaffen. Die Bedeutung der Psychologie in der industriellen Welt nahm nach dem Ersten Weltkrieg rasant zu, als Massen von gleichgeschalteten, gehorsamen Versuchspersonen für klinische Studien zur Verfügung standen, beispielsweise zur Erforschung von ›Einstellungen und wirksamen Kontrollmaßnahmen (J.A.C. Brown 1956; Rozzi 1975, S. 16–17). Ursprünglich mit den Auswirkungen muskulärer Arbeit auf den Körper betraut, wurde die Psychologie schon bald auf den Plan gerufen, um gegen die Fehlzeiten der Arbeiter*innen und andere Formen des Widerstands gegen die industrielle Disziplin sowie gegen ihre eigenen Methoden und Techniken vorzugehen, und wurde so zur Wissenschaft mit der unmittelbarsten Kontrolle über die Arbeiterschaft. Psycholog*innen haben mehr noch als Ärzt*innen und Soziolog*innen Einfluss auf die Auswahl von Arbeiter*innen genommen, Tausende Einstellungsgespräche geführt und Tausende Tests ausgewertet, um die Besten für die jeweiligen Jobs zu finden, um Frustrationen aufzuspüren und über Beförderungen zu entscheiden (Rozzi, S. 19).

Indem sie Krankheiten, die der industriellen Arbeitsorganisation eigen sind, auf Urinstinkte zurückführten (Bedürfnisse, Triebe, Stimmungen) und profitgesteuerten Politiken einen wissenschaftlichen Deckmantel verschafften, hatten sich Psycholog*innen ihren Platz in den Fabrikhallen gesichert, manchmal sogar als feste Angestellte, die direkt im Konflikt zwischen Arbeit und Kapital intervenierten. Wie Renato Rozzi in *Psicologi e Operai* (1975) beschreibt, war diese Intervention entscheidend für die Entwicklung der Psychologie als Disziplin. Denn unter dem Druck, die Arbeiter*innen kontrollieren zu müssen, waren die Psycholog*innen gezwungen, mit ihrer ›Subjektivität‹ zu arbeiten und ihre eigenen Theorien den Auswirkungen des Widerstands der Arbeiter*innen anzupassen. So hat etwa der Kampf um die Verkürzung des Arbeitstages eine Flut medizinischer Studien über das Problem der Muskelermüdung hervorgebracht, wodurch diese überhaupt erst zu einem wissenschaftlichen Konzept wurde (Rozzi, S. 20f., 158).

Dennoch hat die Psychologie – der Diskurs über Triebe, Stimmungen, instinktive Veranlagungen – die Arbeiter*innen immer weiter in ein Zwangskorsett geschnürt, das auf der systematischen Mystifizierung der Ursachen der ›Pathologien‹ der Arbeiter*innen und der Normalisierung der entfremdeten Arbeit basierte. Die Aufgabe der Psycholog*innen lag darin, die Realität der Arbeiter*innen so sehr zu verkennen, dass die meisten psychologischen Studien aus dieser Epoche, werden sie nicht aus einem historischen oder genealogischen Blickpunkt betrachtet, keinen Wert besitzen, so Rozzi. Es ist zum Beispiel kaum möglich, ohne mit der Wimper zu zucken, Theorien wie die der ›Unfallsneigung‹ (Brown 1956, S. 142) zu akzeptieren, die in den 1950ern gerne herangezogen wurde, um die häufigen Unfälle an Arbeitsplätzen zu erklären und die Unwirksamkeit von Maßnahmen zur Verbesserung der Arbeitsumgebung zu versichern.

Die Psychologie hat auch wesentlich zur Umformung der gesellschaftlichen Reproduktion beigetragen, insbesondere durch die Rationalisierung der Sexualität. Die Aufmerksamkeit, die Freuds biologisch basierte Konzeptionalisierung der Weiblichkeit und die Verbindungen erhielten, die er von dieser Konzeption zur Krise der Mittelklassenfamilie um die Jahrhundertwende zog (welche er in der heftigen sexuellen Repression der Frau verwurzelt glaubte), verdeckte die Rolle, die die Psychologie zugleich bei der Disziplinierung der Sexualität der Arbeiterklasse, vor allem der Sexualität der Frauen aus der Arbeiterklasse, inne hatte. Beispielhaft ist hier Cesare Lombrosos Theoretisierung der Prostituierten als ›geborene Kriminelle‹ (Lombroso und Ferrero [1893] 2017), die eine ganze Reihe anthropometrischer Studien in Gang setzte, welche zu dem Ergebnis kamen, dass jede Frau, die ihre zugewiesene weibliche Rolle infrage stellte, ein Rückschritt zu einer niedrigeren Evolutionsstufe sei. Die Darstellung von ›Homosexualität‹, ›Umkehrung des Sexualtriebs‹ und Masturbation als Geisteskrankheiten (zum Beispiel in Krafft-Ebings *Psychopathia Sexualis*, 1886) oder Freuds ›Entdeckung‹ des ›vaginalen Orgasmus‹ 1905 sind Teil desselben Projekts. Diese Entwicklung erreichte ihren Höhepunkt im Fordismus, dessen epochale Einführung des Fünf-Dollar-Tageslohns dem Arbeiter die Dienste einer Ehefrau garantierte, was sein Recht auf sexuelle ›Befriedigung‹ in direkten Bezug zu seinem Lohn setzte und Sex zu einer der grundlegenden Aufgaben einer Hausfrau machte. Nicht aus Zufall wurden proletarische arbeitslose Frauen während der Großen Depression oft von Sozialarbeiter*innen unter dem Vorwurf des ›promiskuitiven Verhaltens‹, zum Beispiel weil sie sich ohne jegliche eheliche Absichten mit einem Mann trafen, in Gewahrsam genommen und in psychiatrische Anstalten gesteckt. Dort versuchten dann Psycholog*innen, diese Frauen davon zu überzeugen, dass sie sich die Eileiter durchtrennen lassen, um wieder freizukommen. In den 1950ern wurden rebellische Frauen noch härter bestraft, denn man erfand die Lobotomie, eine Behandlung, die vor allem für depressive, antriebslose, der Hausarbeit nicht nachkommende Hausfrauen als geeignet erachtet wurde.[3]

Psychologie wurde zudem in den Kolonien eingesetzt, um die Existenz einer afrikanischen Persönlichkeit zu theoretisieren und damit die Unterlegenheit afrikanischer gegenüber europäischen Arbeiter*innen zu beweisen und auf dieser Grundlage auch Lohnunterschiede und Rassentrennung zu rechtfertigen. In Südafrika waren seit den 1930ern Psycholog*innen für die Durchführung erniedrigender Rituale verantwortlich, die unter dem Deckmantel von ›Hitzetoleranztests‹ afrikanische Arbeiter*innen auf die Arbeit in den Goldminen vorbereiten sollten und eine Arbeitssituation simulierten, in denen diese jeglicher Rechte beraubt waren (Butchart, S. 93–103).

3 Die Lobotomie war zwei Jahrzehnte lang ein Routineeingriff. Die meisten Lobotomien wurden in den USA durchgeführt, wo der erste Eingriff 1936 stattfand und die Zahl bis in die 1950er bereits auf etwa 40.000 anstieg. Der Höhepunkt wurde 1949 mit mehr als 5.000 Operationen erreicht. Lobotomien wurden ebenfalls in Großbritannien und den nordeuropäischen Ländern Finnland, Norwegen und Schweden durchgeführt. In Skandinavien wurden verhältnismäßig 2,5 Mal so viele Menschen dieser Prozedur unterzogen wie in den USA. Mit überwältigender Mehrheit waren die Patient*innen Frauen. Siehe Joel Braslow, »Therapeutic Effectiveness and Social Context: The Case of Lobotomy in a California State Hospital, 1947–1954«, *Western Journal of Medicine* 170, Nr. 5 (Juni 1999): S. 293–96. Obwohl die Lobotomie den Frauen ihre Spontaneität und ihre individuellen Wünsche nahm, hielten ihre Ehemänner und Ärzt*innen sie für äußerst positiv und betrachteten die Fähigkeit ihrer Frauen, zu kochen, zu putzen und den Haushalt zu führen, als wesentliche Merkmale ihrer Gesundung.

In der Gegenwart

Welche Lehren können wir heute aus dieser komplexen Geschichte ziehen? Ich sehe darin drei wichtige Aspekte. Erstens lernen wir, dass die kapitalistische Arbeitsdisziplin eine Mechanisierung des Körpers erfordert, die Zerstörung seiner Autonomie und Kreativität, was in keiner Auseinandersetzung mit unserem psychologischen und sozialen Leben ignoriert werden sollte. Zweitens haben die Psycholog*innen in ihrer Komplizenschaft mit der Transformation von Körpern in Arbeitskraft die Voraussetzungen verletzt, aufgrund derer sie ihren wissenschaftlichen Anspruch formulierten, indem sie Schlüsselaspekte der Realität, die sie untersuchen sollten, außer Acht ließen, wie etwa die Ablehnung der Arbeiter*innen gegenüber der Reglementierung, die die industrielle Arbeit unserem Körper und Geist aufzwingt.

Am wichtigsten ist jedoch der Aspekt, dass die Geschichte der Transformation des Körpers in Arbeitskraft das Ausmaß der Krise freilegt, in der sich der Kapitalismus seit den 1960ern befindet. Der Versuch der kapitalistischen Klasse, diese Krise durch die globale Umstrukturierung des Arbeitsprozesses zu beheben, führte nur dazu, dass die zugrundeliegenden Widersprüche auf eine noch explosivere Ebene gehoben wurden. Mit jedem Tag wird nämlich deutlicher, dass die Mechanismen, die die für die Mehrwertproduktion erforderliche Disziplin garantieren, nicht mehr greifen. Die Bewegungen der 1960er und 70er stellen in dieser Hinsicht einen Wendepunkt dar, denn sie waren Ausdruck einer Revolte gegen die industrielle Arbeit, die in jeden Aspekt der ›gesellschaftlichen Fabrik‹ hineinreichte, vom Fließband bis zur Hausarbeit und den jeweils funktionalen Gender-Identitäten. Der ›Blue-Collar-Blues‹[4], die Forderung der Arbeiter*innen nach mehr Freizeit statt mehr Geld im Austausch für mehr Arbeit, der feministische Widerstand gegen die Naturalisierung der Reproduktionsarbeit sowie der Aufstieg der Homosexuellenbewegung gefolgt von der Transsexuellenbewegung sind in diesem Kontext beispielhaft. Sie sind Ausdruck der Weigerung, die eigene Aktivität auf abstrakte Arbeit zu reduzieren, der Befriedigung eigener Bedürfnisse zu entsagen, unsere Körper als Maschinen zu betrachten, sowie auch der Entschlossenheit, *unseren*

4 Anmerkung der Übersetzerin: Blue-collar ist eine Bezeichnung für körperliche Arbeit, in Abgrenzung zu White-collar als Bezeichnung für ›Schreibtischarbeit‹.

Körper unabhängig von unserer Fähigkeit, als Arbeitskraft zu funktionieren, zu definieren.

Die Tragweite dieser Verweigerungshaltung kann am Umfang ihrer Gegenmaßnahmen ermessen werden. Die gesamte Weltwirtschaft wurde umstrukturiert, um gegen sie vorzugehen. Von der Prekarisierung und Flexibilisierung der Arbeit bis zum Rückbau staatlicher Leistungen im Bereich der gesellschaftlichen Reproduktion – ein breites Spektrum an Maßnahmen wurde in Gang gesetzt, um diese sozialen Kämpfe nicht nur niederzuschlagen, sondern eine neue Disziplin basierend auf der Allgegenwärtigkeit und Hegemonie der kapitalistischen Verhältnisse zu errichten.

Die Institutionalisierung der Prekarität zum Beispiel brachte nicht nur zunehmende Existenzängste, sondern auch Arbeiter*innen hervor, die ohne Persönlichkeit, anpassbar und jederzeit bereit sind, einer anderen Beschäftigung nachzugehen (Berardi 2009; 2019). Unser Identitätsverlust und unsere Machtlosigkeit werden weiterhin verstärkt durch die Computerisierung und Automatisierung der Arbeit. Diese Prozesse befördern streng mechanische, militaristische, entmenschlichte Verhaltensformen, in denen der Mensch darauf reduziert wird, bloß Teil einer viel größeren Maschine zu sein (Levidow und Robins 1989). Die Abstraktion und Reglementierung der Arbeit haben heute tatsächlich ihre Vervollständigung erreicht und somit ist auch unser Gefühl der Entfremdung und Entsozialisierung umfassend geworden. Welchen Stress diese Lebenssituation verursacht, lässt sich am massenhaften Anstieg geistiger Erkrankungen ablesen – Panikattacken, Angstzustände, Phobien, Aufmerksamkeitsdefizite – sowie dem ausufernden Konsum von Medikamenten wie Prozac oder Viagra. Es gibt auch die These, dass der Erfolg von ›Reality-TV-Shows‹ auf dieses Gefühl der Entfremdung von unserem eigenen Leben zurückzuführen sei. Demnach beruhe der Wunsch, zu sehen, wie andere leben, was sie tun, und sie mit uns selbst zu vergleichen – laut Renata Salecl (2009) die dieser Fernsehsparte zugrundeliegende Motivation – auf dem Gefühl, unser Leben nicht mehr im Griff zu haben, wenngleich diese Programme eher das Leben in einer virtuellen denn in der tatsächlichen Realität befördern.

Existenzängste sind bloß ein Aspekt des Terrors, der heute strategisch eingesetzt wird, um die Rebellion gegen die globale Arbeitsmaschinerie zu ersticken. Genauso wichtig ist die Militarisierung des täglichen Lebens, zurzeit ein internationaler Trend. Sie beginnt bei der Politik der Masseninhaftierung, die seit den 1990ern in den USA angewendet wird und als Krieg vor allem gegen Schwarze Jugendliche gedeutet werden kann, und dem massiven Ausbau von Auffanglagern für Immigrant*innen in der EU. Wir beobachten außerdem härtere Bestrafungen hinsichtlich der Mindeststrafmaße, des ›Three-strikes-law‹[5], des Gebrauchs von Tasern und hinsichtlich der Einzelhaft sowie einen Anstieg der Verhaftungen von Frauen und Kindern (Williams 2006, S. 205; Solinger et al. 2010; Danner 2000). Folter wird heute nicht nur im ›Krieg gegen den Terrorismus‹, sondern auch in US-Gefängnissen routinemäßig eingesetzt. Wie Kristian Williams anführt (2006), handelt es sich dabei weder um Anomalien noch um willkürliche Auswirkungen einer entgleisten Justiz. Die Militarisierung des täglichen Lebens setzt das Recht des Staates auf die Zerstörung des Körpers eine*r Bürger*in durch, indem sie Protest bestraft, die Flucht aus den Fangnetzen der wirtschaftlichen Umstrukturierung verhindert und eine rassifizierte Arbeitsteilung aufrechterhält (S. 216). Das heutige Gefängnissystem gibt nicht einmal mehr vor, zur Resozialisierung zu dienen, es funktioniert als reines Instrument des Terrors und der Klassenherrschaft.

Dieser massive Gewalteinsatz hat bisher die Rebellion gegen die kapitalistische Arbeitsorganisation im Zaum gehalten. Während jedoch das Versagen des Kapitalismus hinsichtlich der Befriedigung unserer elementarsten Grundbedürfnisse immer offensichtlicher wird, wird die Transformation unserer Körper in Arbeitskraft mit jedem Tag problematischer. Die Instrumente des Terrors brechen in sich zusammen. Davon zeugt die zunehmende Ablehnung gegen den Krieg und den Kriegsdienst, die durch die hohe Zahl der Selbstmorde in der nun freiwilligen US-Armee ersichtlich wurde. Die Folge war ein breites Bildungs- und ›Fitness‹-Programm. Die Institutionalisierung der Prekarisierung ist ein zweischneidiges Schwert, denn sie setzt die Bedingungen sowohl für eine radikale Entnaturalisierung abhängiger Arbeit als auch für den Verlust der eigentlichen Fähigkeiten, die Soziolog*innen lange als unabdinglich für eine industrielle Bevölkerung betrachteten. Wie Chris Carlsson in *Nowtopia* (2008) festhält, suchen immer mehr Menschen nach einer Alternative zu einem von Arbeit und Wirtschaft gesteuerten Leben, zum einen weil die Arbeit in einem prekären Arbeitsregime nicht mehr identitätsstiftend sein kann und zum anderen weil sie

5 Anmerkung der Übersetzerin: Three-strikes-law bezeichnet ein Gesetz in den USA, nach dem bei der dritten Verurteilung wegen einer Straftat automatisch eine besonders schwere Strafe ausgesprochen wird, oftmals eine lebenslängliche Haftstrafe.

sich nach mehr Kreativität sehnen. Teil dieser Entwicklung ist auch, dass die heutigen Arbeiterkämpfe einem anderen Muster folgen als die traditionellen Streiks und somit die Suche nach neuen Modellen der Menschlichkeit und neuen Beziehungen zwischen Mensch und Natur widerspiegeln. Das zeigt sich im Interesse an der Theorie und Praxis der ›Commons‹, welches bereits viele neue Initiativen wie Zeitbanken, Tauschgeschäfte, urbane Gärten oder gemeindebasierte Selbstverwaltungsformen hervorgebracht hat. Wir erkennen es auch an der Präferenz androgyner Formen von Gender-Identitäten, dem Aufstieg trans- und intersexueller Bewegungen sowie der queeren Ablehnungshaltung gegenüber Gender im Allgemeinen, wodurch auch die geschlechtsspezifische Arbeitsteilung hinterfragt wird. Ich muss hier zudem den Tattoo- und Körperkunstkult erwähnen, der sich weltweit immer mehr ausbreitet und neue Communitys von Gleichgesinnten über geschlechtliche, ›Rassen‹- und Klassengrenzen hinweg erschafft. All diese Phänomene zeugen nicht nur vom Zusammenbruch disziplinärer Mechanismen, sondern auch vom Wunsch, unsere Menschlichkeit auf eine Weise umzugestalten, die dem, was Jahrhunderte der kapitalistischen Disziplin uns aufgezwungen haben, entgegensteht.

Wie werden sich Psycholog*innen in Bezug auf diese Phänomene positionieren? Das ist im Moment noch offen. Die Psychologie hat bewiesen, dass sie anpassungsfähig ist und die Subjektivität der erforschten Personen erkennen kann. Sie war bisher jedoch nicht mutig genug, um mit der Macht zu brechen. Trotz der radikalen Kritik, die andersdenkende Psycholog*innen und Psychiater*innen (wie Félix Guattari und Franco Basaglia) in den 1960ern äußerten, blieb die Hauptströmung der Psychologie stets auf der Seite der Macht. In den USA sind Psycholog*innen heute aktiv an der Auswahl von Folter- und Verhörmethoden beteiligt. Im Gegensatz zur American Psychiatric Association hat die American Psychological Association sich bisher geweigert, eine von ihren Mitgliedern beschlossene Resolution in die Tat umzusetzen, nach der ihnen die Teilnahme an Verhören, die gegen internationales Recht oder die Genfer Konvention verstoßen, untersagt wird.

Nicht nur ihre Taten, sondern auch ihre Unterlassungen sind den Psycholog*innen vorzuwerfen. Bis auf wenige Ausnahmen kritisierten sie nie die pathogene Wirkung der kapitalistischen Arbeitsorganisation und -disziplin und akzeptierten stattdessen den Verkauf von Arbeitskraft als normalen Bestandteil des gesellschaftlichen Lebens und interpretierten die

Rebellion dagegen als Abnormität, die sie in einem Diskurs über genetische Veranlagungen erstickten. Ein einfaches und doch vielsagendes Beispiel für diese Unterlassung ist das Fehlen jeglicher psychologischer Untersuchungen zur Bedeutung und Bewertung von Gehaltsspannen und speziell von Gehaltserhöhungen oder -kürzungen als (de-)motivierende Faktoren. »Obwohl die Literatur in der Psychologie reich an Leistungsevaluationen ist, beschäftigt sich nur ein kleiner Teil dieser Forschung mit den Folgen der Verknüpfung von Gehalt und Leistungsbewertung im Arbeitsverhältnis« (Rynes, Gerhart und Parks-Leduc 2005, S. 572–73). Ebenso wenig wird anerkannt, dass geistige Erkrankungen durch wirtschaftliche Faktoren wie Arbeitslosigkeit, fehlende Krankenversicherung oder Widerstand gegen die Arbeit verursacht werden könnten. Stattdessen führten Psycholog*innen, dem Vorbild der Wirtschaft folgend, ›Glücksstudien‹ durch und versuchten von Neuem, uns davon zu überzeugen, dass positives Denken, Optimismus und vor allem ›Resilienz‹ – der letzte Schrei unter den semantischen Disziplinierungstools – der Schlüssel zum Erfolg sind. Erwähnenswert erscheint mir, dass der Botschafter der ›Glücksstudien‹, Martin Seligman, für die US-Armee und die CIA Vorträge über den Zustand der ›erlernten Hilflosigkeit‹, eine angebliche Folge des Folterprozesses, gehalten hat. Für sein Training mit Soldat*innen, um diese ›resilienter‹ gegen Kriegstraumata zu machen, erhielt er 31 Millionen US-Dollar vom Militär (Greenberg 2010, S. 34).

Es wird Zeit, dass Psycholog*innen die Techniken zur Transformation des Körpers in Arbeitskraft verurteilen, weil diese unweigerlich von der Philosophie zum Terror, von der Psychologie zur Folter führt. Die Psychologie darf nicht länger die vom Kapitalismus verursachten Krankheiten auf eine natürliche Veranlagung des Menschen schieben oder weiterhin unsere Körper in Zwangsjacken stecken und dabei ignorieren, dass sie Tag für Tag durch die Hand des politischen und wirtschaftlichen Systems, in dem wir leben, in ihrer Integrität verletzt werden.

ACHT
Ursprünge und Entwicklung der Sexarbeit in den USA und Großbritannien

In der kapitalistischen Gesellschaft hat die Sexarbeit von Beginn an zwei grundlegende Funktionen im Kontext der kapitalistischen Produktion und Arbeitsteilung eingenommen. Zum einen hat sie die Zeugung neuer Arbeiter*innen gesichert. Zum anderen war sie ein Schlüsselaspekt ihrer täglichen Reproduktion, da die sexuelle Erleichterung zumindest für Männer als Ventil für die Anspannung diente, die sich während des Arbeitstags anstaute, und sie war umso unverzichtbarer, da Sex lange Zeit eine der wenigen Vergnügungen war, die ihnen vergönnt blieb. Im Grunde bedeutete ›Proletariat‹ nichts anderes als eine Arbeiterklasse, die sich üppig vermehrte, nicht nur weil ein weiteres Kind eine weitere Hand in der Fabrik und einen weiteren Lohn darstellte, sondern auch weil Sex das einzige Vergnügen der Armen war.

Trotz ihres hohen Stellenwerts unterlag die sexuelle Aktivität der Arbeiterklasse während der Anfangszeit der Industrialisierung keiner nennenswerten staatlichen Kontrolle. In dieser Phase, die bis zur zweiten Hälfte des 19. Jahrhunderts dauerte, lag das Augenmerk der kapitalistischen Klasse auf der Quantität der produzierten Arbeitskraft, nicht auf der Qualität. Dass die englischen Arbeiter*innen im Durchschnitt mit 35 Jahren starben, kümmerte die britischen Fabrikbesitzer*innen nicht, solange diese Jahre in einer Fabrik verbracht wurden, von Sonnenaufgang bis Sonnenuntergang, von der Wiege bis zum Grab, und solange neue Arbeitskräfte im Überfluss als Ersatz zur Verfügung standen.[1] Von englischen Arbeiter*innen, Männern wie Frauen, wurde nur erwartet, sich üppig zu vermehren, während ihr ›moralisches Betragen‹ wenig interessierte. Vielmehr galt Promiskuität in den Elendsquartieren, in denen die Arbeiter*innen in Glasgow wie in New York die wenigen Stunden ihres Tages fernab der Fabrik verbrachten, als

1 Bezeichnend ist zum Beispiel, dass in den USA im 19. Jahrhundert das Alter, ab dem Frauen juristisch als einwilligungsfähig bezüglich sexueller Handlungen angesehen wurden, bei zehn lag.

selbstverständlich. Von den englischen und amerikanischen Arbeiterinnen wurde auch erwartet, dass sie Fabrikarbeit durch Prostitution ersetzten oder mit dieser kombinierten, was zu einem explosionsartigen Anstieg dieses Gewerbes im Zuge des Industrialisierungsprozesses in diesen Ländern führte.[2]

In der zweiten Hälfte des 19. Jahrhunderts begannen die Dinge sich zu ändern, als unter dem Druck der Arbeiteraufstände eine Umstrukturierung der Produktion stattfand, die eine andere Art Arbeiter erforderte und dementsprechend auch eine Veränderung seines Reproduktionsprozesses. Es war der Umschwung von der Leicht- zur Schwerindustrie, von mechanischen Gehäusen zur Dampfmaschine, von der Stoff- zur Kohle- und Stahlproduktion, der einen neuen Arbeiter erforderte. Einen, der weniger ausgemergelt, seltener krank und fähiger war, dem intensiven Arbeitsrhythmus der neuen Schwerindustrie standzuhalten. Aus dieser Situation heraus tüftelte die kapitalistische Klasse, die sich sonst nicht um die hohe Sterblichkeitsrate der Industriearbeiter*innen scherte, eine neue Reproduktionsstrategie aus, nach der die Löhne der Männer erhöht und proletarische Frauen an den Herd geschickt wurden, während sich gleichzeitig die Fabrikarbeit erschwerte, was die besser reproduzierten Lohnarbeiter nun stemmen konnten.

Mit der Einführung des Taylorismus und einer neuen Reglementierung des Arbeitsprozesses geht in der zweiten Hälfte des 19. Jahrhunderts also eine Reform der Arbeiterfamilie einher, welche auf der Errichtung einer neuen häuslichen Rolle der Frau basierte und diese für die Produktion einer qualifizierteren Arbeiterschaft verantwortlich machte. Das bedeutet, dass die Frau nicht nur dazu angehalten wurde, sich fortzupflanzen, um die Reihen der Arbeiterschaft aufzufüllen, sondern auch die tägliche

2 Es ist allgemein bekannt, dass die niedrigen Löhne der Arbeiterinnen und die promiskuitive Geschlechtermischung in den Slums die Hauptursachen des ›explosiven‹ Anstiegs der Prostitution in der Anfangsphase des Industrialisierungsprozesses in England waren. William Acton schrieb in seinem berühmten Werk über Prostitution: »Viele Frauen [...] bevölkern die Reihen der Prostitution, da sie durch ihre Position der Versuchung in besonderem Maße erlegen sind. Dies trifft hauptsächlich zu auf Schauspielerinnen, Hutmacherinnen, Verkäuferinnen, Dienstmädchen und in Fabriken oder landwirtschaftlichen Gruppen beschäftigte Arbeiterinnen. [...] Es ist eine schändliche, doch wahre Tatsache, dass der niedrige Lohn, den arbeitende Frauen in etlichen Gewerben verdienen, eine fruchtbare Quelle der Prostitution ist« (Acton [1857] 1969, S. 129–30). Es überrascht nicht, dass Frauen aus bourgeoisen Familien lange Zeit für promiskuitives oder ›unmoralisches‹ Verhalten mit der Herabsetzung ihres sozialen Status bestraft wurden. ›Sich wie eine jener Frauen zu benehmen‹, bedeutete, sich wie proletarische Frauen, die Frauen der ›niederen Klassen‹, zu benehmen.

Reproduktion des Arbeiters zu sichern, indem sie durch die Bereitstellung ihrer physischen, emotionalen und sexuellen Dienste seine Arbeitsfähigkeit wiederherstellte.

Wie bereits dargelegt, war die Umstrukturierung der Arbeit, die sich in England zwischen 1850 und 1880 ereignete, also der Notwendigkeit geschuldet, eine gesündere, diszipliniertere und produktivere Arbeiterschaft hervorzubringen und vor allem die aufkeimende Organisation der Arbeiterklasse zu unterbinden. Ein weiteres Motiv lag jedoch in der Erkenntnis, dass die Rekrutierung von Frauen in die Fabriken deren Bereitschaft und Kapazität für die Reproduktionsarbeit so sehr gemindert hatte, dass die Reproduktion der englischen Arbeiterklasse ernsthaft in Gefahr war, solange kein Gegenmittel gefunden wurde. Es genügt, die Berichte zu lesen, die in England zwischen 1840 und 1880 regelmäßig von staatlich ernannten Fabrikaufseher*innen über das Betragen weiblicher Arbeiterinnen verfasst wurden, um zu verstehen, dass beim befürworteten Wandel des Reproduktionsregimes mehr auf dem Spiel stand als die Sorge um die Gesundheit und das Durchhaltevermögen der männlichen Arbeiterschaft.

Undiszipliniert, gleichgültig gegenüber Hausarbeit, Familie und Moral, dazu entschlossen, in ihren wenigen freien Stunden Spaß zu haben, die Straße oder die Kneipe ihrem Zuhause vorzuziehen, wo sie tranken und rauchten wie Männer, fern von ihren Kindern – in der Vorstellung der Bourgeoisie waren verheiratete wie ledige Fabrikarbeiterinnen eine Bedrohung für die Produktion einer stabilen Arbeiterschaft und mussten gezähmt werden. In diesem Kontext wurde die ›Domestizierung‹ der Arbeiterfamilie und die Einführung der vollzeitbeschäftigten Hausfrau in der Arbeiterklasse zu einer Staatspolitik, die auch eine neue Form der Kapitalakkumulation mit sich brachte.

Als hätte sich ihnen plötzlich die Realität des Fabriklebens offenbart, begann ein Heer von Reformer*innen in den 1850ern, gegen die langen Arbeitstage zu wettern, die Frauen fern von zu Hause verbrachten. In Form von ›Schutzgesetzen‹ erreichten sie zuerst die Abschaffung von Nachtschichten für Frauen und später die Verbannung verheirateter Frauen aus den Fabriken, sodass diese lernten, ihre Stellung als Heimchen am Herd wieder einzunehmen, geübt in der Kunst der Geduld und Unterwürfigkeit, vor allem da die Arbeit, zu der sie verdammt wurden, unbezahlt war.

Die Idealisierung der ›weiblichen Werte‹, die sich bis zur Jahrhundertwende auf die Frauen der mittleren und oberen Klassen beschränkte, wurde nun also auf die Frauen der Arbeiterklasse ausgedehnt, um die von ihnen erwartete unbezahlte Arbeit dahinter zu verbergen. Da überrascht es nicht, dass in dieser Epoche eine neue ideologische Kampagne beginnt, die in der Arbeiterklasse das Ideal der *Mutterschaft* und *Liebe*, im Sinne der Fähigkeit zur absoluten Selbstaufopferung, verbreitet. Fantine, die Prostituierte aus *Les Misérables*, die ihr Haar und zwei ihrer Zähne verkauft, um ihr Kleinkind zu ernähren, stellt eine anschauliche Verkörperung dieses Ideals dar. ›Eheliche Liebe‹ und ›Mutterinstinkte‹ sind die Themen, die neben den Beschwerden über die schädlichen Auswirkungen der Fabrikarbeit auf die Moral und die reproduktive Rolle der Frau den Diskurs der viktorianischen Reformer*innen bestimmten.

Die Regulierung der Hausarbeit war jedoch nicht ohne die Regulierung der Sexarbeit möglich. Wie bei der Hausarbeit zeichnete sich die Sexualpolitik von Kapital und Staat in dieser Phase dadurch aus, dass die Prinzipien, die bereits das Sexualverhalten der bourgeoisen Frau regelten, auch auf proletarische Frauen ausgeweitet wurden. An vorderster Stelle stand hier die Verneinung der weiblichen Sexualität als Vergnügungs- und Einkommensquelle für Frauen. Für die Transformation der Fabrikarbeiterin/Prostituierten – beides eine vergütete Arbeit – in eine unbezahlte Mutter/Ehefrau, die bereit ist, ihre eigenen Interessen und Wünsche für das Wohlergehen ihrer Familie zu opfern, war eine entscheidende Bedingung die ›Reinigung‹ der Mutterrolle von jeglicher Erotik.

Dementsprechend sollte eine Ehefrau/Mutter die Freuden der ›Liebe‹ nur frei vom Verlagen nach Sex oder Vergütung genießen dürfen. In der Sexarbeit wurde indessen die Arbeitsteilung zwischen ›Sex zur Fortpflanzung‹ und ›Sex zum Vergnügen‹ vertieft und bei Frauen die Assoziation von Sex mit asozialen Eigenschaften verstärkt. Sowohl in den USA als auch in England wurde eine neue Regulierung der Prostitution eingeführt, die darauf abzielte, ›ehrliche Frauen‹ von Prostituierten zu trennen – eine Unterscheidung, die die Rekrutierung von Frauen in die Fabrikarbeit obsolet gemacht hatte. William Acton, einer der Befürworter*innen der Reform in England, merkte an, wie schädlich die allgegenwärtige Präsenz von Prostituierten auf öffentlichen Plätzen sei. Die Gründe, die er nennt, sprechen Bände:

> Mein hauptsächliches Interesse lag darin, zu untersuchen, welche Auswirkungen es auf verheiratete Frauen hat, wenn sie bei diesen *Aufeinandertreffen* regelmäßig

> Zeuginnen dieser unmoralischen und lasterhaften Schwesternschaft werden, wie sie sich heiter oder, in ihrer Sprache, ›erstklassig‹ zur Schau stellen, wie sie all die Aufmerksamkeiten von Männern annehmen, freimütig mit Alkohol umgehen, auf den besten Plätzen sitzen, sich weit über ihrem Stand kleiden, reichlich Geld zum Ausgeben haben und sich kein Amüsement oder Kurzweil verbieten, unbelastet durch häusliche Pflichten oder Kinder. Worum es bei dieser Darstellung auch gehen mag, diese tatsächliche Überlegenheit eines lockeren Lebens kann der Aufmerksamkeit des aufgeweckten Geschlechts nicht entgangen sein (Acton [1857] 1969, S. 54–55).

Actons Initiative wurde auch durch eine andere Sorge angetrieben: die Verbreitung von Geschlechtskrankheiten, insbesondere Syphilis, innerhalb des Proletariats.

> Der gewissenhafte Vater, der dies liest, muss mich unweigerlich unterstützen; denn, wären die Hygienemaßnahmen, für die ich einstehe, bereits in Kraft, mit welch geringerer Sorge würde er den Werdegang seiner Söhne von Jungen zu Männern verfolgen? Der Staat und die politischen Ökonomen sind mir bereits zugetan, denn werden nicht die Armee und die Marine entkräftet – wird nicht die Arbeitskraft geschwächt – verkommt nicht sogar die Bevölkerung durch die Übel, gegen die zu handeln ich aufrufe? (Acton [1857] 1969, S. 27).

Im Zuge der Regulierung der Prostitution wurden Sexarbeiterinnen medizinischen Kontrollen unterworfen, entsprechend dem Modell, das in Frankreich seit der ersten Hälfte des 19. Jahrhunderts in Kraft war.

Durch diese Regulierung wurde der Staat, verkörpert durch die Polizei und die Mediziner*innen, zum direkten Vorgesetzten der Sexarbeiterinnen. Wir beobachten *die Institutionalisierung der Prostituierten und der Mutter als separate, jeweils exklusive weibliche Figuren und Funktionen, also die Institutionalisierung der Mutterschaft ohne Vergnügen und eines ›Vergnügens‹ ohne Mutterschaft.* Die Sozialpolitik stellte die Forderung, dass eine Prostituierte nicht Mutter werden dürfe.[3] Ihre Mutterschaft musste versteckt, von ihrem Arbeitsplatz ferngehalten werden. In der zeitgenössischen Literatur lebte das Kind der Prostituierten auf dem Land in der Obhut wohltätiger Erzieher*innen. Die Mutter wiederum, die Ehefrau, die ›ehrliche Frau‹ war angehalten, Sex als bloßen häuslichen Dienst zu betrachten, eine eheliche Pflicht, der sie nicht entkommen konnte, die ihr jedoch kein Vergnügen be-

3 Das war jedoch keine leichte Aufgabe. Bezeichnenderweise beklagt Acton:

reitete. Der Mutter wurde nur der durch Ehe und Fortpflanzung reingewaschene Sex zugestanden – im Gegenzug für unzählige Stunden unbezahlter Arbeit –, von wenig Freude begleitet, stattdessen jedoch von der ständigen Angst, schwanger zu werden. Daher stammt das Bild, das uns die Romane des 19. Jahrhunderts eingeprägt haben, von der Frau, die die Annäherungen ihres Mannes erträgt, darauf bedacht, nicht die heilige Aura zu zerstören, in die die Gesellschaft sie hüllt.

Die Aufteilung der Arbeit in Sexarbeit und Mutterschaft war indessen nur durch einen enormen Einsatz psychologischer und physischer Gewalt seitens des Kapitals möglich. Das Schicksal der unverheirateten, ›verführten und sitzen gelassenen‹ Mutter, das neben der Überhöhung der mütterlichen Aufopferung seitenweise die Literatur des 19. Jahrhunderts füllte, mahnte Frauen unablässig, dass nichts so schlimm sei, wie ›die Ehre zu verlieren‹ und als ›Schlampe‹ angesehen zu werden. Die wirksamste Peitsche, mit der Frauen im Zaum gehalten wurden, waren jedoch die Umstände, unter denen zu leben die Prostituierte der proletarischen Schicht gezwungen wurde, nämlich zunehmend isoliert von anderen Frauen und permanenter staatlicher Kontrolle unterworfen.

Trotz der Kriminalisierung der Prostitution blieben die Bemühungen, die respektable Familie in der Arbeiterklasse zu etablieren, lange Zeit erfolglos. Nur ein kleiner Teil der männlichen Arbeiter konnte schließlich Löhne erzielen, von denen allein eine ganze Familie ernährt werden konnte, und die Sexarbeit war für proletarische Frauen schon immer die Erwerbsquelle gewesen, zu der sie am leichtesten Zugang hatten und zu der sie oftmals aufgrund der Unbeständigkeit ihrer sexuellen Partner gezwungen waren, da diese sie mit hungrigen Kindermäulern alleine zurückließen. In den 1970ern war es eine ernüchternde Entdeckung, dass in Italien vor dem Ersten Weltkrieg auf den meisten Geburtsurkunden proletarischer

---

> Prostituierte sterben nicht in den Sielen, wie gemeinhin angenommen wird, [...] im Gegenteil, die meisten von ihnen werden früher oder später mit beflecktem Körper und verunreinigtem Geist zu Ehefrauen und Müttern, immerhin ist in einigen Klassen der Menschen der Sinn für Moral so verkommen, dass eine Frau, die davon lebt, sich selbst zu verkaufen, beinahe gleichgestellt zu sozialem Verkehr empfangen wird. Obwohl wir diese Frauen also Aussätzige oder Parias nennen mögen, wird deutlich, dass sie einen mächtigen Einfluss des Bösen auf alle Ränge der Gesellschaft ausüben. Der moralische Schaden, den die Prostitution der Gesellschaft zufügt, ist unschätzbar; der physische Schaden ist mindestens ebenso groß (Acton [1857] 1969, S. 84–85).

Kinder unter Vaterschaft ›NN‹ eingetragen wurde (*nomen nescio*, Name unbekannt). Arbeitgeber nutzten die Armut der Frauen aus, um sie in die Prostitution zu zwingen. Die Frauen taten alles, um ihre Arbeit zu behalten oder die Entlassung ihrer Ehemänner zu verhindern.

Die ›ehrlichen‹ Frauen der Arbeiterklasse haben ihrerseits stets gewusst, dass die Grenze zwischen der Ehe und der Prostitution, zwischen der Hure und der respektablen Ehefrau sehr schmal ist. Ihnen war immer bewusst, dass die Ehe für Frauen bedeutete, »eine Dienerin bei Tag und eine Hure bei Nacht zu sein«[4], denn sollten sie im Sinn haben, das eheliche Bett zu verlassen, drohte ihnen finanzielle Not. Die Konstruktion der weiblichen Sexualität als Dienstleistung ohne Vergnügen hat lange die Vorstellung aufrechterhalten, dass die weibliche Sexualität eine Sünde sei und nur Erlösung in der Ehe und Fortpflanzung finde. Daraus resultierte auch, dass *jede Frau als potenzielle Prostituierte angesehen wurde*, die ständiger Kontrolle bedurfte. Generationen von Frauen mussten vor dem Durchbruch der feministischen Bewegung deshalb ihre Sexualität mit Scham behandeln und beweisen, dass sie keine Prostituierten waren. Gleichzeitig wurde die Prostitution, obwohl gesellschaftlich geächtet und staatlich kontrolliert, als notwendige Komponente der Reproduktion von Arbeitskraft anerkannt, eben weil man davon ausging, dass die Ehefrau die sexuellen Bedürfnisse ihres Mannes nicht vollständig befriedigen konnte.

Das erklärt, warum *Sexarbeit als erster Aspekt der Hausarbeit vergesellschaftet wurde.* Das Staatsbordell, die ›casa chiusa‹ (geschlossenes Haus) oder ›maison des femmes‹, typisch für die anfängliche kapitalistische Planung der Sexarbeit, *institutionalisierte die Frau als kollektive Liebhaberin, die direkt oder indirekt im Dienste des Staates als kollektivem Ehemann und Zuhälter stand.* Neben der Ghettoisierung von Frauen, die für das bezahlt wurden, was Millionen anderer umsonst taten, folgte auch die Vergesellschaftung der Sexarbeit den Kriterien der produktiven Effizienz. Die *Taylorisierung des Koitus*, typisch für das Bordell, steigerte die Produktivität der Sexarbeit wesentlich. Günstiger, niederschwelligerer, staatlich subventionierter Sex war ideal für einen Arbeiter, der nach einem langen Tag in der Fabrik oder im Büro nicht mehr die Zeit und Energie für amouröse Abenteuer oder langfristige freiwillige Beziehungen hatte.

4 So beschrieb die Großmutter einer feministischen Freundin einmal ihr Leben.

Widerstand gegen die Sexarbeit

Mit dem Aufstieg der Kleinfamilie und des ehelichen Geschlechtsverkehrs brach eine neue Phase des Widerstands von Frauen gegen die Haus- und Sexarbeit an. Davon zeugt der Anstieg der Scheidungsrate um die Wende zum 20. Jahrhundert vor allem in den USA und England und in der Mittelklasse, wo das Modell der Kleinfamilie zuerst etabliert worden war.

Wie O'Neill (1967) aufzeigt, »waren Scheidungen bis etwa zur Mitte des 19. Jahrhunderts eine Seltenheit in der westlichen Welt; danach stieg ihre Rate so exponentiell an, dass die legale Auflösung einer Ehe bis zum Ende des Jahrhunderts als ein weitverbreitetes gesellschaftliches Phänomen galt« (O'Neill, S. 1). Er fährt fort: »Wenn wir die viktorianische Familie als neue Institution betrachten, [...] wird deutlich, warum die Scheidung zum notwendigen Teil des Familiensystems wurde. Wenn die Familie zum Zentrum der sozialen Organisation avanciert, wird ihre Intimität erdrückend, werden ihre Einschränkungen unerträglich und ihre Erwartungen zu hoch, um erfüllt zu werden« (S. 6).

O'Neill und seinen Zeitgenoss*innen war durchaus bewusst, dass der Krise der Familie und der Scheidungsflut die Rebellion der Frauen zugrunde lag. In den USA wurden die meisten Scheidungsanträge von Frauen eingereicht. Scheidung war nicht der einzige Weg, auf dem Frauen ihre Ablehnung der Familiendisziplin äußerten. Zur selben Zeit sank sowohl in den USA als auch in England die Geburtenrate. Zwischen 1850 und 1900 schrumpfte die Durchschnittsfamilie in den USA um ein Mitglied. Gleichzeitig entwickelte sich in beiden Ländern eine feministische Bewegung, die sich, inspiriert durch den Kampf für die Abschaffung der Versklavung, der ›häuslichen Versklavung‹ annahm.

»Sind die Frauen schuld?«, der Titel eines Symposiums über Scheidung, 1889 publiziert von der *North American Review*, ist ein typisches Beispiel für die Angriffe, die in der damaligen Zeit gegen Frauen gefahren wurden. Frauen wurde vorgeworfen, gierig oder selbstsüchtig zu sein, zu viel von der Ehe zu erwarten, zu wenig Verantwortungsgefühl zu besitzen und das Gemeinwohl ihren kleingeistigen persönlichen Interessen unterzuordnen. Selbst wenn sie sich nicht scheiden ließen, führten Frauen einen täglichen Kampf gegen die Haus- und Sexarbeit, oftmals in Form von Krankheit und Entsexualisierung. Schon im Jahr 1854 schrieb die US-amerikanische Ärztin und Befürworterin der Familienreform, Mary Nichols:

> Neun Zehntel der geborenen Kinder sind von ihren Müttern nicht gewünscht. [...] Eine große Zahl der Frauen unserer Zivilisation besitzt weder die sexuelle noch die mütterliche Leidenschaft. Alle Frauen wünschen sich Liebe und Rückhalt. Für ebendiese Liebe und diesen Rückhalt möchten sie keine Kinder austragen oder sich zu Dirnen machen. In der Ehe, wie sie derzeit existiert, ist der Instinkt gegen das Kindergebären und das Gewähren der amourösen Umklammerung genauso gegenwärtig wie die Liebe zu Kindern gleich nach der Geburt. Die Verdrängung der mütterlichen und sexuellen Instinkte der Frau ist eine schreckliche pathologische Tatsache. (zitiert in Cott, S. 286)

Frauen nutzten Schwächeanfälle und plötzlich auftretende Krankheiten (Migräne, Ohnmacht, Hysterie) als Ausrede, um ehelichen Pflichten und drohenden Schwangerschaften zu entgehen. Dass es sich dabei genaugenommen nicht um ›Krankheiten‹, sondern um Widerstandsformen gegen Haus- und Sexarbeit handelte, beweisen nicht nur die Verbreitung dieses Phänomens, sondern auch die Beschwerden der Ehemänner und Moralpredigten der Ärzt*innen. Folgendermaßen beschreibt die US-amerikanische Ärztin Mrs. R. B. Gleason die Dialektik von Krankheit und Verweigerung aus Sicht einer Frau und eines Mannes aus der Mittelklasse zur Zeit der Jahrhundertwende:

> Ich hätte niemals heiraten sollen, denn mein Leben ist nichts als endloser Schmerz. Alleine könnte ich es ertragen, doch beim Gedanken daran, dass ich von Jahr zu Jahr Mutter werde von Kindern, die an meinem Elend teilhaben und es verlängern, ist mir so jämmerlich zumute, dass ich nahezu den Verstand verliere. (Cott, S. 274)

Die Ärztin sagt:

> Der angehende Gatte mag sich große Mühe geben, seine schöne, aber fragile Auserwählte zu beschützen; er mag [...] die Ehefrau seiner Jugend mit liebevoller Wertschätzung behandeln, wenn sie ständig krank ist und vorzeitig altert; und doch hat er keine Gefährtin – niemanden, der ihm die Freuden des Lebens verdoppelt oder die Mühsal erleichtert. Manche erkrankten Frauen werden selbstsüchtig und vergessen, dass in einer Partnerschaft wie der ihren andere mitleiden, wenn sie leiden. Jeder ehrliche Gatte mit einer kranken Frau lebt nur ein halbes Leben. (S. 274)

Der Ehemann sagt:

> Wird sie jemals gesund sein? (S. 275)

Wenn sie nicht erkrankten, dann wurden die Frauen frigide oder, mit den Worten von Mary Nichols, sie erreichten »einen apathischen Zustand, der sie zu keinerlei materieller Vereinigung antreibt« (Cott, S. 286). Im Kontext einer Sexualdisziplin, die vor allem den Frauen aus der Mittelklasse die Kontrolle über ihr Sexualleben versagte, waren Frigidität und körperliche Gebrechen wirkungsvolle Verweigerungsformen. Auch unter dem Deckmantel der Verteidigung der Keuschheit erlaubte die Bezugnahme auf Wertvorstellungen Frauen, das Blatt zu ihren Gunsten zu wenden und sich als die wahren Beschützerinnen der Sexualmoral darzustellen. Auf diesem Weg schafften es die Frauen der viktorianischen Mittelklasse besser als später ihre Enkeltöchter, ihren ehelichen Pflichten zu entgehen. Nach jahrzehntelanger Verweigerung der Sexarbeit sind die Psycholog*innen, Soziolog*innen und andere ›Expert*innen‹ klüger und hartnäckiger geworden. Es wird heutzutage sogar eine ganze Kampagne aufgefahren, um der ›frigiden Frau‹ Schuldgefühle einzureden, gerne gepaart mit dem Vorwurf, die Befreiung verpasst zu haben.

Das Aufblühen der Sozialwissenschaften im 19. Jahrhundert muss teilweise im Zusammenhang mit der Krise der Familie und der Abwehrhaltung der Frauen gesehen werden. Die Psychoanalyse wurde als Wissenschaft der sexuellen Kontrolle geboren, mit dem Ziel, Strategien für die Reform der Familienverhältnisse zu entwickeln. Sowohl in den USA als auch in England tauchten im ersten Jahrzehnt des 20. Jahrhunderts Pläne für die Reformierung der Sexualität auf. Bücher, Broschüren, Flugblätter, Essays und wissenschaftliche Abhandlungen wurden zum Thema Familie und zu dem ›Scheidungsproblem‹ verfasst, was nicht nur die Tragweite der Krise deutlich macht, sondern auch das wachsende Bewusstsein dafür, dass eine neue Sexual-/Familienethik benötigt wurde. Während also in den USA konservativere Kreise die *Liga zum Schutz der Familie* gründeten und radikale Frauen Liebesbeziehungen ohne Trauschein forderten und argumentierten, dass »der Staat alle Mütter grundsätzlich subventionieren sollte« (O'Neill, S. 104), damit dieses System funktioniere, mischten sich Soziolog*innen und Psycholog*innen in die Debatte ein, mit der Absicht, eine wissenschaftliche Lösung für das Problem zu finden. Freud kam dann die Aufgabe zu, den neuen Sexualkodex zu systematisieren, weshalb seine Arbeit in beiden Ländern so bekannt wurde.

Freud und die Reform der Sexarbeit

Oberflächlich betrachtet scheint sich Freuds Theorie mit der Sexualität im Allgemeinen zu beschäftigen, in Wahrheit zielte sie jedoch auf die weibliche Sexualität ab. Freuds Arbeit war eine Antwort auf die Verweigerung der Hausarbeit, Fortpflanzung und Sexarbeit durch die Frauen. Wie aus seinen Schriften deutlich hervorgeht, war ihm sehr wohl bewusst, dass die ›Familienkrise‹ in der Tatsache wurzelte, dass Frauen ihren Job nicht ausführen wollten oder konnten. Er zeigte sich auch besorgt über die steigende männliche Impotenz, die solche Ausmaße erreicht hatte, dass er sie als eines der Hauptphänomene seiner Zeit beschrieb. Letzteres führte er auf »die Übertragung femininer Anforderungen auf das Geschlechtsleben des Mannes und die Verpönung eines jeden Sexualverkehres mit Ausnahme des ehelich-monogamen« zurück. Er schreibt: »Noch schädlicher wirkt die kulturelle Sexualmoral, indem sie durch die Verherrlichung der Monogamie den Faktor der *virilen Auslese* lahmlegt, durch dessen Einfluß allein eine Verbesserung der Konstitution zu gewinnen sei, da die *vitale Auslese* bei den Kulturvölkern durch Humanität und Hygiene auf ein Minimum herabgedrückt werde« (Freud 1966, S. 144).

Die Auflehnung der Frauen gegen die Sexarbeit stellte nicht nur eine Gefahr für ihre Rolle als häusliche Liebhaberinnen dar und brachte unzufriedene Männer hervor; auch ihre (damals womöglich noch bedeutendere) Rolle bei der Fortpflanzung stand auf dem Spiel. Freud schreibt: »Ich weiß nicht, ob der Typus der anästhetischen Frau auch außerhalb der Kulturerziehung vorkommt, halte es aber für wahrscheinlich. Jedenfalls wird er durch die Erziehung geradezu gezüchtet, und diese Frauen, die ohne Lust empfangen, zeigen dann wenig Bereitwilligkeit, des öfteren mit Schmerzen zu gebären. So werden durch die Vorbereitung zur Ehe die Zwecke der Ehe selbst vereitelt« (S. 161).

Freuds Strategie bestand darin, Sex in den Arbeitstag und die Disziplin des Haushalts zu (re-)integrieren, damit die traditionelle Rolle der Frau als Ehefrau und Mutter auf einer solideren Basis durch ein freieres und befriedigenderes Sexualleben wiederaufgebaut werden konnte. Mit anderen Worten *dient die Sexualität bei Freud der Konsolidierung der Hausarbeit* und wird zu einem Arbeitselement, das sich bald schon in eine Pflicht verwandeln sollte. Freud verschreibt eine freiere Sexualität für ein gesünderes Familienleben, für eine Familie, in der sich die Frau mit ihrer Funktion als

Ehefrau identifiziert, anstatt hysterisch, neurotisch zu werden oder sich nach den ersten paar Ehemonaten in Frigidität zu hüllen und womöglich noch in Versuchung zu geraten, ›degenerativen‹ Aktivitäten wie dem Lesbianismus anheimzufallen.

Mit Freud begann die sexuelle Befreiung der Frau zu einer Intensivierung der Hausarbeit zu werden. Das von der Psychologie entwickelte Modell der Ehefrau und Mutter war nicht länger das der Mutter/Erzeugerin einer üppigen Nachkommenschaft, sondern das der Ehefrau/Liebhaberin, die ihrem Ehemann ein größeres Vergnügen bereiten sollte, als ihm durch die Penetration eines passiven oder widerspenstigen Körpers vergönnt war.

In den USA begann die Reintegration der Sexualität in die Hausarbeit in der proletarischen Familie mit der Entwicklung des häuslichen Lebens im Rahmen des Progressivismus[5] und beschleunigte sich mit der fordistischen Reorganisation von Arbeit und Lohn. Sie verlief parallel zur Einführung der Fließbandarbeit, des Fünf-Dollar-Tageslohns und der Beschleunigung der Arbeit, welche von den Männern erforderte, dass sie nachts ruhten, anstatt sich in den Kneipen herumzutreiben, damit sie am nächsten Tag wieder erholt zur Arbeit schreiten konnten. Die strenge Arbeitsdisziplin und Beschleunigung, die durch den Taylorismus und Fordismus in den US-amerikanischen Fabriken eingeführt wurden, erforderten eine neue Hygiene, ein neues Sexualregime und damit verbunden die Wiedereingliederung der Sexualität ins Familienleben. Anders ausgedrückt, musste der Lohn den Arbeitern nun, damit sie der Reglementierung des Fabriklebens standhalten konnten, eine substanziellere Sexualität als die durch gelegentliche Besuche in Kneipen ermöglichte finanzieren. Die Attraktivität des eigenen Zuhauses durch die Reorganisation der häuslichen Sexarbeit zu steigern, war nötig angesichts steigender Löhne, die sonst für Umtriebe hätten ausgegeben werden können.

Der Wandel wurde auch aufgrund politischer Motive vorangetrieben. Vor allem nach dem Ersten Weltkrieg versuchte man, die Männer aus den Kneipen in ihr Zuhause zu locken, weil Kneipen als Zentren der politischen Organisation sowie der Prostitution galten.

Für die Hausfrau bedeutete diese Reorganisation, dass sie weiterhin Kinder bekommen und auch auf ihre Linie achten sollte – der Beginn des

5 Anmerkung der Übersetzerin: Politische Philosophie, die auf dem Grundgedanken basiert, dass der Fortschritt in den Bereichen Wissenschaft, Technologie und Wirtschaft zu positiven Entwicklungen in der Gesellschaft führt.

Diätenwahns. Sie sollte weiterhin Geschirr spülen und Böden wischen, aber mit lackierten Nägeln und gerüschten Schürzen, und sie sollte weiterhin von morgens bis abends schuften, aber sich auch herausputzen, um ihren Mann bei seiner Heimkehr angemessen zu empfangen. Von da an wurde es schwieriger, im Bett Nein zu sagen. Neue Verhaltensregeln, verbreitet in Psychologiebüchern und Frauenzeitschriften, propagierten die große Bedeutung der sexuellen Vereinigung für eine funktionierende Ehe.

In den 1950ern begann sich auch die Funktion der Prostitution zu verändern. In der ersten Hälfte des Jahrhunderts griff der durchschnittliche US-amerikanische Mann immer seltener auf Prostitution zurück, um seine Bedürfnisse zu befriedigen. Was die Familie jedoch mehr als alles andere absicherte, war der eingeschränkte Zugang der Frauen zu einem eigenen Einkommen. Die hohe Zahl der Scheidungen in der Nachkriegszeit (sowohl in England als auch in den USA) verriet indessen, dass nicht alles gut war in der amerikanischen Familie. Je mehr von der Frau und der Familie verlangt wurde, desto mehr wuchs die Verweigerungshaltung der Frauen. Der Ehe konnten sie sich aus offensichtlichen ökonomischen Gründen nicht verweigern, doch *sie forderten eine größere Mobilität innerhalb der Ehe*, wie etwa die Möglichkeit, den Ehemann (wie einen Arbeitgeber) zu wechseln und bessere Bedingungen für die Hausarbeit auszuhandeln. In dieser Zeit wurde der Kampf um die Nebenbeschäftigung (sowie für Sozialleistungen) eng mit dem Kampf gegen die Familie verknüpft, da die Fabrik oder das Büro oftmals die einzige Alternative zu unbezahlter Hausarbeit, zur Isolation innerhalb der Familie und zur Unterordnung gegenüber den Wünschen ihrer Ehemänner darstellte. Es kommt nicht von ungefähr, dass Männer lange Zeit die Nebentätigkeit der Frauen als Vorhof zur Prostitution betrachteten. Bis zum Ausbruch der Kämpfe um Sozialleistungen war ein auswärtiger Job für die meisten Frauen die einzige Möglichkeit, das Haus zu verlassen, Menschen kennenzulernen, einer unerträglichen Ehe zu entkommen.

Schon zu Beginn der 1950er-Jahre schlug jedoch der Kinsey-Report Alarm, weil er die Weigerung der Frauen offenbarte, Sexarbeit in ausreichendem Maße zu leisten. Die Studie zeigte, dass viele US-amerikanische Frauen frigide seien, sie an ihrer Sexarbeit keine Anteilnahme zeigten, sondern nur Bewegungsabläufe ausführten. Es stellte sich auch heraus, dass die Hälfte der US-amerikanischen Männer homosexuelle Beziehungen unterhielten oder sich wünschten. Ähnliche Ergebnisse lieferte eine Untersuchung der Ehe in der US-amerikanischen Arbeiterklasse einige Jahre später. Auch hier zeigte sich, dass ein Viertel der verheirateten Frauen nur aus ehelicher Pflicht mit ihrem Partner schlief und es einer sehr hohen Zahl von ihnen überhaupt kein Vergnügen bereitete (Komarovsky 1967, S. 83). Da begann in den USA eine massive Kampagne des Kapitals, die darauf abzielte, mit den Waffen der Theorie und Praxis die hartnäckige Apathie der Frauen gegenüber der Sexualität zu bekämpfen. Das dominante Thema dieser Kampagne war die Suche nach dem weiblichen Orgasmus, der zunehmend als Gütesiegel für eine perfekte eheliche Vereinigung gelten sollte. Der weibliche Orgasmus wurde in den 1960ern zum Gegenstand einer ganzen Reihe von psychologischen Studien, die in der scheinbar epochalen Entdeckung von Masters und Johnson gipfelten, dass der weibliche Orgasmus nicht nur existierte, sondern es ihn auch noch in multipler Form gab.

Durch die Experimente von Masters und Johnson wurde die Messlatte für die Produktivität der weiblichen Sexarbeit sehr hoch angelegt. Frauen konnten also nicht nur Liebe machen und einen Höhepunkt erreichen, *sie mussten es*. Schafften wir es nicht, waren wir keine richtigen Frauen; schlimmer noch, wir waren dann nicht ›befreit‹. Diese Botschaft sprang uns in den 1960ern von Kinoleinwänden, aus Frauenzeitschriften und den ›Do-it-yourself‹-Ratgebern entgegen, die uns beibringen wollten, in welchen Stellungen wir eine befriedigende Kopulation erzielten. Auch die Psychoanalyst*innen predigten, dass eine ›erfüllte‹ sexuelle Beziehung die Bedingung für soziale und psychologische Ausgeglichenheit war. In den 1970ern tauchten ›Sexkliniken‹ und ›Sexshops‹ auf der Bildfläche auf und das Familienleben durchlief eine bemerkenswerte Umstrukturierung, die in der Legitimierung von vorehelichem und außerehelichem Verkehr, ›offener Ehe‹, Gruppensex und der Akzeptanz der Selbstbefriedigung bestand. Um auf Nummer sicher zu gehen, brachte die technologische Innovation dann noch den Vibrator hervor, für diejenigen Frauen, die selbst durch die neusten Ideen aus dem Kamasutra nicht zum Arbeiten gebracht werden konnten.

Was bedeutete das für die Frauen?

Lasst es uns ganz deutlich sagen. Für die heutigen Frauen kann die sexuelle Befreiung nicht weniger als für unsere Mütter und Großmütter nur die Befreiung vom ›Sex‹ anstelle einer Intensivierung der Sexarbeit bedeuten.

›Befreiung vom Sex‹ meint die Befreiung von den Bedingungen, unter denen wir gezwungen sind, unsere Sexualität auszuleben, und die diese Aktivität in mühsame Arbeit verwandeln, gespickt mit Ungewissheiten und Unfällen wie etwa der Gefahr, schwanger zu werden, da schließlich sogar die neusten Verhütungsmittel gesundheitliche Risiken mit sich bringen. Solange diese Bedingungen vorherrschen, bringt jeder ›Fortschritt‹ bloß mehr Arbeit und Unsicherheit mit sich. Zweifellos ist es ein großer Schritt, dass wir nicht mehr von unseren Vätern, Brüdern und Ehemännern gelyncht werden, wenn sie herausfinden, dass wir keine Jungfrauen mehr sind, ›untreu‹ oder ›unzüchtig‹ waren – wenn auch die Zahl der Frauen, die von ihren Partnern ermordet werden, wenn sie sich von diesen trennen wollen, konstant steigt. Sexualität stellt für uns jedoch noch immer eine Quelle der Unsicherheit dar, denn die ›sexuelle Befreiung‹ ist in eine Pflicht umgemünzt worden, die wir akzeptieren müssen, wenn wir nicht als rückständig gelten möchten. Während unsere Großmütter aber nach einem langen, arbeitsreichen Tag mit Migräne als Ausrede friedlich ins Bett gehen konnten, fühlen wir befreite Enkelinnen uns schuldig, wenn wir den Sex verweigern, nicht aktiv daran teilnehmen oder sogar dann, wenn wir keinen Spaß an ihm haben.

Zu kommen, einen Orgasmus zu haben, ist zu einem solch kategorischen Imperativ geworden, dass es uns peinlich ist zuzugeben, wenn ›nichts läuft‹, und auf die hartnäckigen Fragen der Männer antworten wir mit einer Lüge oder zwingen uns, es noch mal zu versuchen, was damit endet, dass uns unser Bett oft wie ein Fitnessstudio vorkommt.

Der Hauptunterschied liegt jedoch darin, dass unsere Mütter und Großmütter sexuelle Dienste als Tauschhandel betrachteten: Man ging ins Bett mit dem Mann, den man geheiratet hatte, das heißt mit dem Mann, der einem eine gewisse finanzielle Sicherheit versprach. Heute arbeiten wir hingegen umsonst, sowohl im Bett als auch in der Küche, nicht nur, weil Sexarbeit nicht bezahlt wird, sondern auch, weil wir sexuelle Dienste zunehmend erbringen, ohne eine Gegenleistung zu erwarten. Als befreite Frau schlechthin gilt heutzutage jene, die stets verfügbar ist, aber im Gegenzug nichts mehr verlangt.

NEUN
Mormon*innen im All?
mit George Caffentzis

Wie lässt sich die Sehnsucht des Kapitals erklären, die Erde verlassen zu wollen? Sie gleichzeitig zu zerstören und hinter sich zu lassen? Wozu all die Träumereien von Spaceshuttles, Kolonien im All oder Reisen zum Mars und dazu noch die Militarisierung des Weltraums? Will der Kapitalismus diese kaputte Erde zerstören, so wie er unsere Körper neuverdrahten will? Ist das das schmutzige Geheimnis des Kapitalismus: die finale Zerstörung der Erde samt unserer widerspenstigen Körper – beides Überbleibsel aus Milliarden von Jahren nichtkapitalistischer Entwicklung? Warum stehen gleichzeitig die Militarisierung des Weltalls und die Reprogrammierung unserer Chromosomen und unseres Nervensystems auf dem Plan? Warum sonst, wenn nicht, um ein durch und durch kapitalistisches Wesen in einem rein kapitalistischen Plasma und einer rein kapitalistischen Sequenz von Arbeitsabläufen zu definieren – schwerelose, formlose Nervensysteme, bereit für endlose Neuverdrahtungen?

Der ›Weltraum‹ ist kein Raum, wie wir ihn kennen. Das Kapital verzehrt sich nach ihm nicht wegen der Mineralien, die auf dem Mars gefunden oder abgebaut werden könnten, sondern wegen dem, was man uns antun kann, wenn man uns dorthin geschafft hat.

Wenn man versuchte, den heutigen Zeitgeist zu definieren – der die Neue Rechte beseelt –, stünde man wohl vor einem unerklärlichen Rätsel. Auf der einen Seite sind dies die Vertreter*innen einer wissenschaftlichen und technologischen Revolution, die noch vor ein paar Jahren wie Science-Fiction geklungen hätte: Gen-Splicing, rekombinante DNA, Zeitkomprimierungstechniken, Weltraumkolonien. Gleichzeitig findet in den Kreisen der Neuen Rechten ein Revival religiöser Tendenzen und konservativer moralischer Werte statt, die man eigentlich ein für alle Mal mit den puritanischen Gründervätern begraben glaubte. Wohin man auch schaut, schießen in den USA gottesfürchtige und Satan fürchtende Gruppen wie Pilze aus dem Boden: Christian Voice, Pro-Family Forum, National Prayer

Campaign, Eagle Forum, Right to Life Commission, Fund to Restore an Educated Electorate, Institute for Christian Economics. Vor diesem Hintergrund scheint sich die Neue Rechte in zwei unterschiedliche Richtungen auszudehnen, mit einem gewagten Sprung in die Vergangenheit und einem ebenso gewagten Sprung in die Zukunft.

Das Rätsel verdichtet sich, wenn man erkennt, dass es sich dabei nicht um unterschiedliche Sekten handelt, sondern in mehr als einer Überschneidung um dieselben Menschen und dasselbe Geld. Abgesehen von einigen kleinen Zankereien und Verrenkungen, um eine pluralistische Fassade aufrechtzuerhalten, ist die Hand, die das Shuttle in den Orbit schickt oder Mäuse mit Kaninchen kreuzt, dieselbe Hand, die Homosexuelle, trans Menschen und Frauen mit Abtreibungsgeschichte an den Pranger stellt und das 20., 19. und sogar 18. Jahrhundert mit einem großen Kreuz durchstreicht.

Wie sehr die Lebensrecht-Apostel und die Wissenschaftsfuturist*innen in einer Mission vereint sind, zeigt sich am besten, wenn nicht schon am Leben ihrer individuellen Vertreter*innen, in der Übereinstimmung ihrer Absichten bei den ›Schlüsselfragen‹ unserer Zeit. In wirtschaftlichen und politischen Angelegenheiten werden auch die letzten Differenzen über Bord geworfen und beide Seelen der Neuen Rechten investieren Geld und Ressourcen in dieselben Ziele. Freier Markt, Laissez-faire-Wirtschaft, die Militarisierung des Landes (unter dem Vorwand des ›Aufbaus einer starken militärischen Verteidigung‹), die Förderung der ›inneren Sicherheit‹, beispielsweise durch einen Freifahrtschein für FBI und CIA, um unseren Alltag zu kontrollieren, die Einsparung aller Sozialausgaben, der Bau neuer Gefängnisse ausgenommen, die Sorge dafür, dass diese voll besetzt sind; kurz gesagt, die Durchsetzung der Eigentumsansprüche des US-Kapitals an der Welt und die Beschäftigung ›Amerikas‹ zum Mindestlohn (oder darunter) sind die Ziele, für die alle Mitglieder der Neuen Rechten auf die Bibel schwören.

Der Schlüssel zum Verständnis der zweigeteilten Seele der Neuen Rechten liegt in der Erkenntnis, dass diese Mischung aus reaktionärer Sozialpolitik und wissenschaftlicher Kühnheit in der Geschichte des Kapitalismus keine Neuheit ist. Wenn wir auf die Anfänge des Kapitalismus zurückblicken – auf das 16. und 17. Jahrhundert, zu dem die ›Moral Majority‹[1] so

1 Anmerkung der Übersetzerin: Die ›Moral Majority‹ war eine US-amerikanische politische Organisation der Christlichen Rechten. Sie wurde 1979 gegründet und in den späten 1980er-Jahren aufgelöst.

gerne wieder zurückkehren würde – beobachten wir eine ähnliche Situation in den Ländern, in denen der Kapitalismus ›durchstartete‹. Zur selben Zeit als Galileo sein Teleskop auf den Mond richtete und Francis Bacon die Grundlagen der wissenschaftlichen Vernunft beschrieb, wurden Frauen und Homosexuelle in ganz Europa auf den Scheiterhaufen gestellt, unter den billigenden Augen der modernisierenden europäischen Intelligenzija.

Ein plötzlicher Wahn? Ein unerklärlicher Absturz in den Barbarismus? In Wahrheit war die Hexenverfolgung ein wesentlicher Bestandteil des Strebens nach der ›menschlichen Perfektion‹, welches gemeinhin als der Traum der Väter des modernen Rationalismus anerkannt wird. Denn der Griff der kapitalistischen Klasse nach der Herrschaft über die Natur und ihrer Ausbeutung wäre ins Leere gegangen ohne die zeitgleiche Erschaffung eines neuen Menschentypus, dessen Verhalten so genormt, vorhersehbar und kontrollierbar sein würde wie die neu entdeckten Naturgesetze. Zu diesem Zweck musste die magische Weltanschauung zerstört werden, die die indigenen Völker in den Kolonien glauben ließ, es sei ein Sakrileg, die Erde auszuhöhlen, oder den Menschen in Europa vorgab, dass sie an ›schlechten Tagen‹ ihre Unternehmungen ruhen lassen sollten. Darüber hinaus gab die Hexenjagd dem Staat die Kontrolle über die Hauptquelle der Arbeit, den weiblichen Körper, indem Abtreibung und alle Formen der Empfängnisverhütung als Verbrechen gegen die Menschlichkeit kriminalisiert wurden. Auf dem Scheiterhaufen starb die Ehebrecherin, die Frau von schlechtem Ruf, die Lesbe, die Frau, die allein lebte, keine Muttergefühle hegte oder illegitime Kinder hatte. Auf dem Scheiterhaufen endeten viele Bettler*innen, die ihre Flüche gegen jene ausgesprochen hatten, die ihnen eine milde Gabe verweigert hatten. Die Väter des modernen Rationalismus gaben ihren Segen. Manche beklagten sogar, der Staat gehe nicht weit genug. Jean Bodin forderte, dass Hexen nicht ›gnädigerweise‹ stranguliert werden sollten, bevor man sie den Flammen überließ.

Dass wir heute in den USA eine ähnliche Situation vorfinden, ist ein Zeichen für die Krise des Kapitals. Wann immer seine Grundmauern erschüttert werden, kehrt das Kapital zu seinen Wurzeln zurück. Derzeit bedeutet das die Verfolgung eines großen technologischen Sprungs, der auf der einen Seite (dem Produktionspol) Kapital konzentriert und Arbeit zu einem bisher ungekannten Grad automatisiert und auf der anderen Seite Millionen von Arbeiter*innen in Lohnlosigkeit, Arbeitslosigkeit oder intensive, unterbezahlte Arbeit nach dem Modell der ›Free Enterprise

Zones‹[2] drängt. Das schließt die Reorganisation des Reproduktionsprozesses der Arbeit ein.

Die Institutionalisierung der Repression und Selbstdisziplin in den Reihen der Neuen Christlichen Rechten betrifft heute beide Enden des Spektrums der Arbeiterklasse: diejenigen, die von einem Niedriglohnjob zum nächsten jagen oder ewig auf Jobsuche sind, genauso wie diejenigen, die mit dem anspruchsvollsten Equipment arbeiten, das die Technologie hervorzubringen imstande ist. Lassen wir uns nicht in die Irre führen. Alle Utopien des Kapitals, von der Wall Street bis zur Armee, basieren auf einer feinmaschigen Mikropolitik auf der Ebene des Körpers – dem Zügeln unserer animalischen Triebe und der Weiterentwicklung der Bedeutung vom ›Streben nach Glück‹. Einer solchen Regulation bedarf es vor allem zur Entwicklung der High-Tech-Arbeiter*innen, die, anders als die unteren Ränge der Arbeiterklasse, mit ausgesprochen kostspieligen Gerätschaften hantieren.

Was die High-Tech-Industrie heute am meisten voranbringen würde, wäre ein technologischer Sprung der Menschmaschine – ein großer evolutionärer Schritt hin zu einem Arbeitertypus, der dem Investitionsbedarf des Kapitals gerecht wird. Welche Fähigkeiten sollte dieses Wesen besitzen, nach dem unsere Futurist*innen streben? Ein Blick auf die Debatte über Kolonien im Weltraum ist aufschlussreich. Alle sind sich darüber einig, dass die größte Hürde für die Besiedlung des Weltalls eher biosozialer als technologischer Natur ist. Die Einzelteile des Spaceshuttles lassen sich vielleicht gut genug zusammenschweißen, um es zum Mars zu schicken, doch die richtige Arbeiterin oder den richtigen Arbeiter fürs Weltall zu erschaffen, ist ein Problem, das selbst die Meilensteine der genetischen Forschung noch nicht gelöst haben. Benötigt wird ein Mensch, der lange Zeit soziale Isolation und Reizentzug erträgt, ohne zusammenzubrechen, in einer extrem feindlichen/fremden und künstlichen Umgebung ›perfekt‹ zurechtkommt und unter enormem Stress hervorragend die Kontrolle über seine psychologischen Reaktionen (Wut, Hass, Unentschlossenheit) und körperlichen Funktionen behält (man bedenke, dass schon alleine der Stuhlgang im Weltraum eine Stunde dauert!).

2 Anmerkung der Übersetzerin: Modell, nach dem die Wirtschaft in strukturschwachen Regionen durch Anreize für Unternehmen und Selbstständige wie Steuererleichterungen und weniger Regulierungen angekurbelt werden soll.

Unsere allzu menschlichen Schwächen können sich angesichts der Zerbrechlichkeit des Lebens im All verheerend auswirken. Die Voraussetzung dafür ist also absoluter Gehorsam, Konformität und Empfänglichkeit für Befehle. Da ist kein Raum für Abweichungen und Meinungsverschiedenheiten, kann doch der kleinste Sabotageakt katastrophale Konsequenzen für die kostspielige, komplexe und mächtige Ausrüstung haben, die in menschliche Hände gegeben wird. Die Weltraumtechniker*innen müssen nicht nur eine quasi-religiöse Beziehung zu ihren Maschinen pflegen; sie müssen selbst mehr und mehr zu Maschinen werden und eine perfekte Symbiose mit den Computern eingehen, die in den langen Nächten im All oftmals ihre einzigen Wegweiser, Gefährten, Kameraden, Freunde sind.

Weltraumarbeiter*innen müssen also asketisch, reinen Geistes und Körpers, perfekt in ihrer Performance, folgsam wie ein gut geöltes Uhrwerk und extrem fetischistisch in ihren geistigen Einstellungen sein. Wo lassen sich solche Prachtstücke heranzüchten? In einer fundamentalistischen Sekte. Um es mit den Worten des Biologen Garett Hardin auszudrücken:

> Welche Gruppe würde sich wohl am besten für diese neuste aller Schönen Neuen Welten (die Weltraumkolonie) eignen? Wahrscheinlich eine religiöse Gruppe. Die Voraussetzungen sind eine einheitliche Denkweise und die Akzeptanz von Disziplin. Die Siedler*innen könnten jedoch kaum aus einem Haufen Unitarier*innen oder Quäker*innen bestehen, denn diese betrachten das eigene Gewissen als besten Handlungskompass. Weltraumkolonien wären eher auf Hutter*innen oder Mormon*innen als Bewohner*innen angewiesen. [...] Auf diesem zerbrechlichen Schiff darf die Integration nicht aus Angst vor Sabotage und Terrorismus riskiert werden. Nur die ›Katharsis‹ vermag das. (Brand 1977, S. 54)

Da überrascht es nicht, dass die Astronauten des ersten Spaceshuttles nach ihrer Rückkehr vom ›Ältesten‹ Neal Maxwell im Mormonen-Tabernakel begrüßt wurden. »Heute Abend ehren wir die Männer, die Gott in all seiner Herrlichkeit und Macht gesehen haben«, sagte er und die 6.000 Mitglieder starke Versammlung antwortete: »Amen«.

Aus diesem Blickwinkel betrachtet, erscheint der Streit zwischen den Vertreter*innen des Kreationismus und der Evolutionstheorie als interne kapitalistische Debatte, um die passendsten Kontrollmechanismen zu bestimmen. Bis unsere Sozialbiolog*innen und Gentechniker*innen – die heutigen Heldenfiguren des wissenschaftlichen Durchbruchs – herausgefunden haben, wie man den perfekten Roboter erschafft, wird die Peitsche noch benötigt, vor allem in einem Zeitalter, das noch immer mit den anarchistischen/subversiven Ideologien der 1960er infiziert ist.

Des Weiteren sind Askese, Selbstkontrolle, die Flucht weg von der Erde und vom Körper – die Grundlagen der puritanischen Lehre – der beste Nährboden für die wissenschaftlichen und wirtschaftlichen Pläne des Kapitals. Um sich in sicherere Häfen zu bringen, sucht das Kapital bewusst den Schulterschluss mit dem Traum einer jeden Religion: das Überschreiten aller physischen Grenzen, die Reduktion der Menschen auf engelsgleiche Wesen, rein strebsame Seelen.[3] Durch die Erschaffung des*der Roboter-/Weltraumarbeiter*in, dem*der Priester*in der wissenschaftlichen Erkundung-Ausbeutung des Weltraums, kämpft das Kapital wieder einmal seine historische Schlacht gegen die Materie und versucht gleichzeitig, sowohl die Grenzen der Erde zu überwinden als auch die der ›menschlichen Natur‹, die in ihrer jetzigen Form inakzeptable Einschränkungen aufweist.

Die geplante Organisation einer Weltraumindustrie geht Hand in Hand mit der Entmaterialisierung des Körpers. Ersteres kann nämlich nicht erfolgen, ohne ein ganzes Geflecht aus Bedürfnissen, Wünschen und Begierden umzuformen, die das Produkt von Milliarden von Jahren materieller Evolution auf diesem Planeten sind und bis dato die materiellen Bedingungen unserer biosozialen Reproduktion ausmachen: das Blau, das Grün, der Nippel, die Eier, die Textur von Orangen, Rindfleisch, Möhren, der Wind und die Seeluft, das Tageslicht, das Bedürfnis nach physischem Kontakt, SEX! Die Gefahren des sexuellen Verlangens sind beispielhaft für die Hindernisse auf dem Weg zu einem Wesen, das sich selbst vollständig unter Kontrolle hat, Nacht für Nacht alleine verbringen kann, nur den Computer als Gesprächspartner, ausschließlich fokussiert auf den Bildschirm. Kann man es sich leisten, im All notgeil oder einsam zu sein? Kann man es sich leisten, eifersüchtig zu sein oder in eine Ehekrise zu geraten?

Die richtige Einstellung in dieser Beziehung zeigt ein Bericht über die Südpolstation in der Aktarktis, die vorgeblich errichtet wurde, um die dortigen meteorologischen, astronomischen und geografischen Gegebenheiten zu untersuchen, eigentlich jedoch als menschliche Versuchsstation fungierte: Erforscht wurde der Mensch unter Lebensbedingungen, die denen im Weltraum nahe kamen (monatelange Isolation, fehlende Körperkontakte etc.). Dem Bericht zufolge wurden »alle Kandidat*innen vor den ›Gefah-

3 Zu diesem Thema siehe Sol Yurick, *Behold Metatron, the Recording Angel* (1985).

ren‹ sexueller Verhältnisse unter den streng überwachten Bedingungen hier gewarnt. Enthaltsamkeit war der beste Weg [...]. Männer denken in den ersten paar Wochen an nichts anderes als Sex, dann wird er fast bis zum Ende des Winters verdrängt. [Einer der Mitarbeiter berichtet:] ›Man schlägt ihn sich einfach aus dem Kopf. Man arbeitet die ganze Zeit; es gibt keine Privatsphäre‹« (Reinhold 1982).[4]

Enthaltsamkeit, Abstinenz: Dies ist der letzte Schritt in einem langen Prozess, durch den das Kapital den sinnlichen-sexuellen Inhalt unseres Lebens und unserer Begegnungen mit anderen Menschen verringert hat. Die physische Berührung wurde durch das Bild vor dem geistigen Auge ersetzt. Jahrhunderte kapitalistischer Disziplin sind ins Land gegangen, um Menschen hervorzubringen, die aus Angst vor Berührungen voreinander zurückschrecken. (Man bedenke die Art und Weise, wie wir uns in unseren Sozialräumen verhalten: in Bussen oder Zügen, jeder für sich selbst, hinter klar definierten, aber unsichtbaren Grenzen; jede Person eine eigene Festung. Auch Ärzt*innen berühren nur noch selten unseren Körper, basieren ihre Diagnosen stattdessen lieber auf Laborberichte.) Diese physische sowie emotionale Isolation, die durch die Kommunikation über Computer und Handys verstärkt wird, ist der wesentliche Inhalt und die neue Form der kapitalistischen Kooperation. Diese Tendenz zur Entmaterialisierung aller Aspekte unseres Lebens gipfelt in den imaginären Bewohner*innen der zukünftigen Weltraumkolonien, deren Erfolg davon abhängt, wie gut sie zu Engeln werden können, die ohne sinnliche Stimulationen – auf der Erde unser tägliches Bedürfnis – auskommen und sich bloß an ihrer autarken, egozentrischen Willenskraft erbauen können.

So abstrakt wie das Leben ist auch der Tod. Im heutigen Krieg ist der feindliche Körper ein bloßer Punkt auf dem Bildschirm und seine Vernichtung einfach wie in einem Videospiel. Auch hier ist eine religiöse Lehre, die die Menschheit in Auserwählte und Abtrünnige teilt, wesentlich. Es ist nur ein kleiner Schritt von der Akzeptanz des Höllenfeuers zur Akzeptanz der Vernichtung anderer Körper – selbst millionenfach in einem Atomkrieg – als Mittel, um die Erde von allen sozialen Verirrungen zu befreien. Alle zwischenmenschlichen Bindungen zu kappen und uns selbst von unserem eigenen Körper zu distanzieren, ist ein erster Schritt. So erleben wir nun die

4 Robert Reinhold, »Strife and Despair at South Pole Illuminate Psychology of Isolation«, *New York Times*, 12. Januar 1982.

elektronische Kirche, die den Heiler entmaterialisiert – sein Bild erscheint auf Tausenden von Bildschirmen flankiert von einer Adresse, an die man das Geld schicken soll, damit er angeblich für einen betet.

Geräusche und Bilder sind tatsächlich im Begriff, soziale Beziehungen zu ersetzen. Sie tauschen unberechenbare menschliche Begegnungen durch eine Techno-Sozialität aus, die nach eigenem Willen aktiviert und beendet werden kann. Alles dreht sich darum, mit der Maschine zu leben und wie sie zu werden. Das Ideal ist ein asexueller Engel, der sich in den Zwischenräumen des Getriebes bewegt und seinen Arbeits- und Lebensraum perfekt miteinander vereint, wie die Astronautin in ihrer Kapsel, schwerelos durch die Befreiung von der Schwerkraft der menschlichen Bedürfnisse und Versuchungen – das Ende der Arbeitsverweigerung. Der alte Traum des Kapitals von der menschlichen Perfektion, der so deutlich in den Utopien des 16. und 17. Jahrhunderts, von Bacon bis Descartes, durchscheint, wirkt nun greifbar. Wally Schirra, der NASA-Astronaut, der 1968 die Apollo 7 flog, beschreibt seine Erfahrung im Weltall so:

> Das Gefühl der Schwerelosigkeit ... Ich weiß nicht, es ist so vieles zusammen. Ein Gefühl von Stolz, gesunder Einsamkeit, würdevoller Freiheit von allem Schmutz, der einem anhaftete. Man fühlt ein erhebendes Wohlsein, genau das ist das richtige Wort, erhebend ... Man fühlt sich wohl und man hat so viel Energie, solch einen Tatendrang, solch ein Vermögen, etwas zu schaffen. Und man arbeitet gut, ja wirklich, man denkt gut, man bewegt sich gut, ohne Schweiß, ohne Schwierigkeiten, als gäbe es den biblischen Fluch ›im Schweiße deines Angesichts und in Sorge‹ nicht mehr. Als wäre man neu geboren.[5]

Kein Wunder, dass das Kapital so leichtfertig mit unserem Heimatplaneten umgeht und dessen Zerstörung durch nukleare Explosionen bereitwillig in Kauf nimmt – der vollkommene Sieg des Geistes über die Erdmaterie – so schöpferisch wie der erste Akt Gottes! Der Große Urknall, der Große Phallus, reduziert auf seinen machthungrigen Wesenskern, fegt die Menschheit von dieser Erde, in seinem gottgleichen Streben nach Freiheit von allen Begrenzungen. Faust in einem Astronauten-/Weltraumarbeiteranzug, ein Supermann, der niemanden braucht, entschlossen, seinen Willen durchzusetzen, nicht nur auf der Erde, sondern auch im Weltall.

5 Zitat von Walter M. Schirra Jr. während einer Fernsehübertragung aus der Apollo-7-Kapsel im All im Oktober 1968.

Eine Gesellschaft von Engeln, motiviert durch religiös-patriotische Anliegen. Das Abenteuer der Weltraumbesiedlung wird dennoch kein ›New America‹ in dem Sinne, dass sich dort Ausgestoßene, Schuldknechte und Versklavte tummeln. Das erforderliche Maß an absoluter Identifikation mit dem Projekt, absolutem Gehorsam, absoluter Selbstdisziplin und Selbstkontrolle ist so hoch, dass laut NASA selbst die altbekannten Belohnungsformen ausgedient haben: »Hohe finanzielle Anreize sollten nicht in der Rekrutierung für die Weltraumbesiedlung eingesetzt werden, weil dadurch die falschen Menschen angelockt werden« (Johnson und Holbrow 1977, S. 31). Arbeit ohne Lohn. Das ist die ultimative kapitalistische Utopie – die Arbeit selbst wird zum Lohn und alle Querulant*innen werden in die kalte Sternennacht hinausgeschleudert. Endlich hat der Kapitalismus sein Ziel und seine Grenze erreicht.

Teil Vier

ZEHN
Gepriesen sei der tanzende Körper

Die Geschichte des Körpers ist die Geschichte des Menschen, denn es gibt keine kulturelle Praxis, die nicht zuerst auf den Körper angewendet wird. Selbst wenn man sich nur auf die Geschichte des Körpers im Kapitalismus beschränken will, steht man vor einer überwältigenden Aufgabe, so weitreichend sind die Methoden zur Disziplinierung des Körpers gewesen und so wandelbar in Abhängigkeit von den jeweiligen Veränderungen der Arbeitsregimes, denen unser Körper unterworfen wurde.

Eine Geschichte des Körpers kann erzählt werden, indem man die unterschiedlichen Formen der Repression beschreibt, die der Kapitalismus gegen ihn eingesetzt hat. Ich habe mich entschieden, stattdessen über den Körper als Grundlage des Widerstands zu schreiben, das heißt über den Körper und seine Fähigkeiten – die Fähigkeit zu handeln, sich zu verändern – sowie den Körper als Grenze der Ausbeutung.

In unserer Sichtweise auf den Körper als performatives, soziales Konstrukt ist etwas verlorengegangen. Der Blick auf den Körper als soziales (diskursives) Produkt verbirgt die Tatsache, dass unser Körper Kräfte, Fähigkeiten und Widerstände in sich birgt, die sich in einem langen Prozess der Koevolution mit unserer Umwelt sowie in generationenübergreifenden Praktiken entwickelt haben und der Ausbeutung eine natürliche Grenze setzen.

Wenn ich vom Körper als ›natürlicher Grenze‹ spreche, meine ich die Struktur von Bedürfnissen und Wünschen, die nicht nur durch bewusste Entscheidungen oder kollektive Praktiken in uns entstehen, sondern durch Millionen von Jahren materieller Evolution: das Bedürfnis nach der Sonne, dem blauen Himmel und den grünen Bäumen, dem Geruch des Waldes und der Meere, das Bedürfnis, zu berühren, zu riechen, zu schlafen, Liebe zu machen.

Diese akkumulierte Struktur von Bedürfnissen und Wünschen, die Jahrtausende lang die Bedingung für unsere gesellschaftliche Reproduktion war, setzt unserer Ausbeutung Grenzen und ist daher etwas, das der Kapitalismus unablässig zu überwinden bemüht ist.

Der Kapitalismus ist nicht das erste System, das auf der Ausbeutung der menschlichen Arbeit basiert. Doch er war mehr als jedes andere System in der Geschichte darum bemüht, eine Wirtschaftswelt zu erschaffen, in der die Arbeit das grundlegende Prinzip der Akkumulation ist. Als solcher machte er als Erster die Reglementierung und Mechanisierung des Körpers zur Grundvoraussetzung für die Akkumulation von Wohlstand. Tatsächlich ist eine der wesentlichen sozialen Aufgaben des Kapitalismus von Beginn an und bis heute die Transformation unserer Energie und Körperkraft in Arbeitskraft gewesen.

In *Caliban und die Hexe* (2017) habe ich die Strategien beleuchtet, die der Kapitalismus verfolgt hat, um diese Aufgabe zu erfüllen und die menschliche Natur auf dieselbe Weise umzuformen, wie er versucht hat, die Erde umzuformen, um das Land produktiver zu machen, und Tiere in lebende Fabriken zu verwandeln. Ich habe die historische Schlacht des Kapitalismus gegen den Körper, gegen unsere Materialität beschrieben sowie die vielen Institutionen, die zu diesem Zweck geschaffen wurden: das Gesetz, die Peitsche, die Regulierung der Sexualität und unzählige Sozialpraktiken, die unser Verhältnis zum Universum, zur Natur und zueinander neu definiert haben.

Der Kapitalismus wurde aus der Trennung der Menschen von ihrem Land geboren und seine erste Aufgabe bestand darin, die Abhängigkeit der Arbeit von den Jahreszeiten zu lösen und den Arbeitstag über die Grenzen des Erträglichen hinaus zu verlängern. Im Allgemeinen wird der ökonomische Aspekt dieses Prozesses in den Vordergrund gestellt, die ökonomische Abhängigkeit, die der Kapitalismus auf monetären Verhältnissen aufgebaut hat, und deren Rolle bei der Entstehung des Lohnproletariats. Dabei wird oft übersehen, was die Trennung vom Land und der Natur für unseren Körper bedeutete, der geschwächt und jener Kräfte beraubt wurde, die ihm vorkapitalistische Gesellschaften zugeschrieben hatten.

»Die Natur ist der *unorganische Leib* des Menschen«, stellte Marx (2017 [1844], S. 58) fest und es gab einmal eine Zeit, in der wir den Wind, die Wolken und die Veränderungen der Strömungen der Flüsse und Meere lesen konnten. In vorkapitalistischen Gesellschaften glaubten die Menschen, dass sie fliegen, außerkörperliche Erfahrungen machen, mit Tieren kommunizieren, sprechen, deren Fähigkeiten annehmen und ihre Gestalt wandeln konnten. Sie glaubten auch, dass sie an mehr als einem Ort gleichzeitig sein oder beispielsweise von den Toten zurückkehren konnten, um sich an ihren Feinden zu rächen.

Nicht alle diese Kräfte waren eingebildet. Der tägliche Kontakt zur Natur brachte eine Fülle von Wissen, die sich beispielsweise in der Ernährungsrevolution im vorkolonialen Amerika oder der Revolution der Segeltechniken widerspiegelt. Wir wissen heute, dass die polynesischen Völker mit nichts als ihren Körpern auf hoher See navigierten, da sie aus den Vibrationen der Wellen erkennen konnten, wie sie ihre Boote zur Küste lenken mussten.

Die Fixierung in Zeit und Raum ist eine der grundlegendsten und beständigsten Methoden des Kapitalismus, um unseres Körpers habhaft zu werden. Man betrachte die ständigen Angriffe auf Vagabund*innen, Migrant*innen und Landstreicher*innen seit jeher. Mobilität wird zur Gefahr, wenn sie nicht beruflichen Zwecken dient, da so Informationen, Erfahrungen und Widerstände in Umlauf geraten. Frühere Instrumente der Zügelung waren Peitschen, Ketten, Pranger, Verstümmelung und Versklavung. Heute haben wir zusätzlich zur Peitsche und den Gefängnissen noch die Computerüberwachung und die temporäre Bedrohung durch Epidemien, wie etwa die Vogelgrippe, um das Nomadentum zu kontrollieren.

Die Mechanisierung – die Verwandlung des Körpers, ob männlich oder weiblich, in eine Maschine – ist stets eines der beharrlichsten Projekte des Kapitalismus gewesen. Auch Tiere werden in Maschinen verwandelt, sodass Säue doppelt so viele Ferkel werfen, Hühner ununterbrochen Eier legen, während die unproduktiven unter ihnen geschreddert werden und Kälber nie auf ihren eignen Beinen stehen können, bis sie ins Schlachthaus gebracht werden. Ich kann hier nicht alle Maßnahmen zur Mechanisierung des Körpers aufzählen. Es genügt zu sagen, dass die Techniken, um seiner habhaft zu werden und ihn zu unterwerfen, sich je nach herrschendem Arbeitsregime und den Maschinen, die als Modell für den Körper dienten, verändert haben.

So lässt sich beobachten, dass im 16. und 17. Jahrhundert (im Industriezeitalter) eine Vorstellung des Körpers nach dem Modell einfacher Maschinen, zum Beispiel mit Pump- und Hebelmechanismen, vorherrschte. Dieses Regime gipfelte im Taylorismus, den Zeit- und Bewegungsstudien, wo jede Bewegung kalkuliert war und alle Kräfte in die Aufgabe kanalisiert wurden.

Widerstand wurde in diesem Kontext in Form von Trägheit imaginiert und der Körper als stumpfes Tier porträtiert, als befehlsresistentes Monster.

Im 19. Jahrhundert hingegen richteten sich sowohl das Verständnis des Körpers als auch die Disziplinartechniken nach dem Modell der Dampfmaschine aus, die Produktivität wurde nach Aufwand und Ertrag berechnet und *Effizienz* zum neuen Schlüsselwort. Unter diesem Regime erfolgte die Disziplinierung des Körpers durch Ernährungsvorschriften und die Berechnung der Kalorienzahl, die ein arbeitender Körper benötigt. Ihren Höhepunkt fand diese Entwicklung in einer Tabelle der Nazis, die spezifizierte, welche Kalorienmengen für unterschiedliche Arbeitsformen nötig waren. Zum Feind erklärt wurden die Streuung von Energie, Entropie[1], Verschwendung und Unordnung. In den USA begann die Geschichte dieser neuen Volkswirtschaft in den 1880er-Jahren mit der Verdrängung der Kneipen und der Neuformierung des Familienlebens, in dessen Zentrum die Vollzeithausfrau als anti-entropisches Mittel stand, immer auf Abruf bereit, jedes Mal von Neuem die Mahlzeiten zuzubereiten, die verschmutzten Körper zu baden, die Kleidung zu flicken, die wieder reißen würde.

Heutzutage bilden der Computer und der genetische Code das Modell für den Körper. So entsteht das Bild von einem entmaterialisierten, zerteilbaren Körper, bestehend aus einem Konglomerat aus Zellen und Genen, die alle mit ihrem eigenen Programm befasst sind und mit dem Rest beziehungsweise dem Körper als Ganzem nichts zu tun haben. Dazu passt die Theorie des ›egoistischen Gens‹ – die Vorstellung, dass der Körper aus individuellen Zellen und Genen besteht, die ihr eigenes Programm verfolgen, ist die perfekte Metapher für den neoliberalen Lebensentwurf, in dem sich die Dominanz des Marktes nicht nur gegen die Solidarität innerhalb der Gruppe, sondern auch innerhalb unserer Selbst richtet. Demnach zerfällt der Körper in eine Ansammlung egoistischer Gene, die nur ihre eigenen, selbstsüchtigen Ziele verfolgen und den Interessen der anderen keine Bedeutung beimessen.

Indem wir diese Sichtweise verinnerlichen, verinnerlichen wir die tiefgründigste Erfahrung der Selbstentfremdung, denn dann haben wir es nicht nur mit einem großen Monster zu tun, das unseren Befehlen nicht gehorcht, sondern auch mit einem Wust an Mikrofeinden, die mitten in

1 Anmerkung der Übersetzerin: Ursprünglich aus der Physik übernommenes Maß für Ungleichheit oder Unordnung, wird in der Sozialwissenschaft als Begriff für den Grad der Ordnung bzw. Unordnung innerhalb eines sozialen Systems verstanden.

unseren Körper eingepflanzt sind und uns jeden Moment angreifen können. Aus den Ängsten, die dieses Verständnis des Körpers, demzufolge wir unkontrollierbaren Kräften ausgesetzt sind, generieren, wird Profit geschlagen. Wenn wir diese Sichtweise verinnerlichen, fühlen wir uns unweigerlich nicht mehr wohl in unserer Haut. Wir haben regelrecht Angst vor unserem Körper und hören nicht mehr auf ihn. Wir hören nicht darauf, was er möchte, sondern nehmen teil am Angriff auf ihn, mit allen Waffen, die die Medizin zu bieten hat: Strahlung, Darmspiegelung, Mammografie – alles Waffen in einem langen Krieg gegen den Körper, und wir stimmen in den Angriff mit ein, anstatt unseren Körper aus der Schusslinie zu nehmen. So werden wir dazu gebracht, eine Welt zu akzeptieren, in der Körperteile zu Handelswaren werden, und unseren Körper als Träger von Krankheiten zu betrachten: der Körper als Plage, der Körper als Quelle von Epidemien, der Körper ohne Vernunft.

Unser Kampf muss also damit beginnen, uns unseren Körper individuell wie kollektiv wiederanzueignen, sein Widerstandsvermögen wiederzuentdecken und schätzen zu lernen und seine Kräfte auszuweiten und zu preisen.

Der Tanz spielt bei dieser Wiederaneignung eine zentrale Rolle. Im Wesentlichen stellt der Akt des Tanzens eine Erforschung und Erfindung dessen dar, was der Körper vermag: seiner Fähigkeiten, seiner Sprachen, seines Ausdrucks dessen, wonach das Dasein strebt. Ich bin zu der Ansicht gelangt, dass der Tanz eine Philosophie beinhaltet, denn er ahmt die Prozesse nach, durch die wir mit der Welt interagieren, uns mit anderen Körpern verbinden, uns selbst und unsere Umgebung verändern. Der Tanz lehrt uns, dass die Materie nicht dumm, nicht blind, nicht mechanisch ist, sondern ihren eigenen Rhythmus, ihre Sprache besitzt, sich selbst aktiviert und organisiert. Unsere Körper besitzen Weisheiten, die wir lernen, wiederentdecken, neuerfinden müssen. Wir müssen ihrer Sprache lauschen, um unseren Weg zur Gesundung und Heilung zu finden, so wie wir der Sprache und den Rhythmen der Erde lauschen müssen, um den Weg zur Gesundung und Heilung der Erde zu finden. Da sich der Körper durch sein Vermögen auszeichnet, berührt zu werden und zu berühren, bewegt zu werden und zu bewegen – eine Fähigkeit, die unerschöpflich ist bis zum Tod –, enthält er eine immanente Politik: die Fähigkeit, sich selbst, andere und die ganze Welt zu verändern.

NACHWORT
Über freudvollen Aktivismus

Das Prinzip der freudvollen Militanz lautet: Entweder ist unsere Politik befreiend, entweder sie verändert unser Leben auf positive Weise, lässt uns wachsen, bereitet uns Freude oder mit ihr stimmt etwas nicht.

Traurige Politik entsteht oft aus einer übertriebenen Vorstellung von dem, was wir selbst, alleine schaffen können, was zu der Angewohnheit führt, uns selbst zu übernehmen. Das erinnert mich an Nietzsches Metamorphosen in *Also sprach Zarathustra*, wo er das Kamel als Lastentier beschreibt, die Verkörperung des demütigen Geistes. Das Kamel ist der Prototyp der Aktivist*innen, die stets mit unfassbaren Mengen von Arbeit beladen sind, weil sie glauben, das Schicksal der Welt hänge von ihnen ab. Die heldenhaften, stachanowistischen[1] Aktivist*innen sind immer traurig, weil sie sich so viel vornehmen, dass sie nie wirklich im Hier und Jetzt leben und nicht die transformativen Möglichkeiten ihrer politischen Arbeit zu schätzen wissen. Eine solche Arbeitsweise frustriert uns, weil uns das, was wir tun, nicht verändert und wir keine Zeit haben, die Beziehungen zu den Menschen, mit denen wir zusammenarbeiten, zu verändern.

Der Fehler liegt darin, sich unerreichbare Ziele zu setzen und immer nur ›gegen‹ etwas zu kämpfen, anstatt etwas zu erschaffen. Dadurch sind wir immer auf die Zukunft gerichtet, wohingegen eine freudvolle Politik schon in der Gegenwart Wirkung zeigt. Immer mehr Menschen erkennen das. Wir können unsere Ziele nicht in einer Zukunft ansiedeln, die immer weiter in die Ferne rückt. Wir müssen uns Ziele setzen, die wir teilweise schon in der Gegenwart erreichen können, wenn auch unser Horizont natürlich darüber hinausgehen muss. Politische Aktivität muss unser Leben und unsere Beziehungen zu den Menschen um uns herum positiv verändern. Schwermut holt uns ein, wenn wir das zu Erreichende immerzu auf eine Zukunft vertagen, die wir nie kommen sehen, und infolgedessen die Augen davor verschließen, was jetzt gerade möglich ist.

---

1 Anmerkung der Übersetzerin: Die Stachanow-Bewegung war eine sowjetische Kampagne zur Steigerung der Arbeitsproduktivität.

Ich stelle mich ebenso gegen den Begriff der Selbstaufopferung. Ich glaube nicht an Opfer, wenn das bedeutet, dass wir uns selbst unterdrücken, dass wir entgegen unseren Bedürfnissen, unseren Wünschen, unserem Potenzial handeln. Das soll nicht heißen, dass politische Arbeit ohne Leid auskommt. Doch es gibt einen Unterschied zwischen dem Leid, das wir verspüren, weil eine unserer Entscheidungen schmerzhafte Konsequenzen nach sich zieht – wie Repressionen zu erfahren oder zu sehen, wie jemand, den wir lieben, verletzt wird –, und der Selbstaufopferung, die gegen unseren Willen und Wunsch geschieht, bloß weil wir glauben, dass es unsere Pflicht sei. Das macht Menschen unglücklich und unzufrieden. Politische Arbeit aber muss uns heilen. Sie muss uns Stärke, Weitsicht schenken, unseren Solidaritätssinn stärken und uns unsere Abhängigkeit voneinander vor Augen führen. Die Fähigkeit, unseren Schmerz zu politisieren, ihn in eine Quelle der Weisheit zu verwandeln, in etwas, was uns mit anderen Menschen verbindet – all das hat eine heilende Wirkung. Es wirkt ›empowernd‹ (ein Wort, das mir mittlerweile missfällt).

Ich glaube, dass die radikale Linke es in vielen Fällen versäumt hat, Menschen für sich zu gewinnen, weil sie der reproduktiven Seite politischer Arbeit keine Beachtung geschenkt hat – gemeinsame Abendessen, Lieder, die unser Gefühl als kollektives Subjekt stärken, liebevolle Beziehungen, die wir zueinander entwickeln. Die indigenen Völker Amerikas lehren uns zum Beispiel, wie wichtig Fiestas sind, nicht nur zum Vergnügen, sondern auch, um Solidarität aufzubauen, um unsere gegenseitige Zuneigung und Verantwortung füreinander zu bekräftigen. Sie lehren uns die Bedeutung von Aktivitäten, die die Menschen zusammenbringen, die uns die Wärme der Solidarität spüren und Vertrauen aufbauen lassen. Deshalb nehmen sie die Organisation der Fiestas sehr ernst. Trotz all ihrer Beschränkungen erfüllten Arbeiterorganisationen in der Vergangenheit diese Funktion, indem sie Zentren errichteten, die (männliche) Arbeiter nach Feierabend aufsuchen konnten, um ein Glas Wein zu trinken, Genossen zu treffen, sich die neusten Nachrichten und Aktionspläne anzuhören. So wurde die Politik zur erweiterten Familie, die Weitergabe von Erfahrungen von Generation zu Generation wurde sichergestellt und die Politik selbst erlangte eine andere Bedeutung. Das ist nicht die vorherrschende Kultur in der Linken, zumindest nicht heute, und das ist zum Teil der Grund für die Schwermut. Politische Arbeit sollte unsere zwischenmenschlichen Beziehungen verändern, unseren

Zusammenhalt stärken, uns die Gewissheit geben, dass wir uns der Welt nicht alleine stellen müssen.

Ich spreche lieber von Freude als von Glück. Ich ziehe Freude vor, weil sie eine aktive Gefühlsregung ist, kein stagnierender Daseinszustand, nicht die Zufriedenheit mit den Dingen, wie sie sind. Freude bedeutet, dass wir unsere Kräfte spüren, sehen, wie unsere Fähigkeiten in uns selbst und den Menschen um uns herum wachsen. Dieses Gefühl geht aus einem Veränderungsprozess hervor. Um es mit Spinoza zu sagen – Freude bedeutet, dass wir die Situation, in der wir uns befinden, erkennen und wir im Einklang mit dem, was von uns in diesem Moment erfordert wird, handeln. So haben wir das Gefühl, dass wir die Macht haben, etwas zu verändern, und dass wir uns gemeinsam mit anderen Menschen verändern. Das ist nicht gleichbedeutend mit der Zustimmung zum Gegebenen.

Spinoza beschreibt Freude als Resultat von Vernunft und Erkenntnis. Hier ist es wichtig, zu erkennen, dass wir mit vielen Narben in die Bewegung kommen. Wir alle sind gebrandmarkt vom Leben in einer kapitalistischen Gesellschaft. Gerade deshalb möchten wir kämpfen, die Welt verändern. Das alles wäre nicht nötig, wenn wir bereits perfekte Menschen – was auch immer das heißen mag – in dieser Gesellschaft wären. Doch oftmals werden wir enttäuscht, weil wir die Vorstellung haben, in der Bewegung nur harmonische Beziehungen vorzufinden, und stattdessen auf Eifersüchteleien, Lästereien und ungleiche Machtverhältnisse stoßen.

Auch in der Frauenbewegung erleben wir zuweilen schmerzhafte und enttäuschende Beziehungen. Tatsächlich ist es in Frauengruppen und -organisationen sogar am wahrscheinlichsten, die größten Enttäuschungen zu erleiden. Wir erwarten nämlich häufig, von Männern im Stich gelassen und betrogen zu werden, doch wir erwarten das nicht von Frauen und wir können uns nicht vorstellen, dass sich Frauen gegenseitig verletzen, sich gegenseitig das Gefühl geben, minderwertig oder unsichtbar zu sein. Natürlich stehen hinter den persönlichen Konflikten manchmal uneingestandene politische Differenzen, die unüberbrückbar sind. Doch es kommt auch vor, dass wir uns betrogen und tief verletzt fühlen, weil wir angenommen hatten, in einer radikalen und vor allem in einer feministischen Bewegung zu sein, müsse uns zwangsläufig von all den Wunden befreien, die wir in unseren Körpern und Seelen tragen, und deshalb lassen wir unser Schutzschild sinken, wie wir es nie in unseren persönlichen Beziehungen zu Männern oder in gemischten Gruppen tun würden. Das führt unweigerlich zu einem Gefühl der Schwermut, das manchmal so stark ist, dass wir die Bewegung lieber verlassen. Mit der Zeit lernen wir, dass die Zankereien, die Eifersüchteleien, die übertriebene Verletzlichkeit, die wir so oft in Frauenbewegungen antreffen, Teil des verfälschten Lebens sind, das durch die kapitalistische Gesellschaft entsteht. Es gehört zu unserem politischen Wachstumsprozess, sie als solche zu erkennen und uns nicht von ihnen kaputtmachen zu lassen.

Quellen

Acton, William. (1857) 1969. *Prostitution*. New York: Praeger.

Apfel, Alana. 2016. *Birth Work as Care Work: Stories from Activist Birth Communities*. Oakland: PM Press.

Arditti, Rita, Renate Klein und Shelley Minden, Hg. 1984. *Test-Tube Women: What Future for Motherhood?* London: Pandora Press.

Barnes, Barry und Steven Shapin, Hg., 1979. *Natural Order: Historical Studies of Scientific Culture*. Beverly Hills, CA: Sage.

Beauvoir, Simone de. 1951. *Das andere Geschlecht. Sitte und Sexus der Frau*. Hamburg: Rowohlt. [Übersetzung aus dem französischen Original: *Le Deuxième Sexe*. Gallimard, 1949.]

Beckles, Hilary McD. 1989. *Natural Rebels: A Social History of Enslaved Black Women in Barbados*. New Brunswick, NJ: Rutgers University Press.

Berardi, Franco. 2009. *Precarious Rhapsody: Semiocapitalism and Pathologies of the Post-Alpha Generation*. London: Minor Composition.

____. 2019 [Original: 2009]. *Die Seele bei der Arbeit: von der Entfremdung zur Autonomie*. Aus dem Englischen von Kevin Vennemann. Berlin: Matthes & Seitz.

Bernasconi, Robert. 2001. »Who Invented the Concept of Race?« In *Race*, hrsg. von Robert Bernasconi, S. 11–36. Malden, MA: Blackwell.

Bordo, Susan. 1993. *Unbearable Weight: Feminism, Western Culture and the Body*. Berkeley: University of California Press.

Boston Women's Health Book Collective. 1976. *Our Bodies, Ourselves: A Book by and for Women*. New York: Simon and Schuster. First published 1971.

Bowring, Finn. 2003. *Science, Seeds, and Cyborgs: Biotechnology and the Appropriation of Life*. London: Verso.

Brand, Stewart, ed. 1977. *Space Colonies*. New York: Penguin.

Braverman, Harry. 1977. *Die Arbeit im modernen Produktionsprozess*. Übers. von Karin de Sousa Ferreira unter Mitarb. von Hans-G. Nutzinger. Frankfurt (Main): Campus.

Briggs, Laura. 2002. *Reproducing Empire: Race, Sex, Science, and U.S. Imperialism in Puerto Rico*. Berkeley: University of California Press.

Brown, J.A.C. 1956. *Psychologie der industriellen Leistung*. Hamburg: Rowohlt.

Brown, Jenny. 2018. *Birth Strike: The Hidden Fight over Women's Work*. Oakland: PM Press.

Butchart, Alexander. 1998. *The Anatomy of Power: European Constructions of the African Body*. London: Zed Books.

Butler, Judith. 1991. Das Unbehagen der Geschlechter. Aus dem Amerikan. von Kathrina Menke. Frankfurt (Main): Suhrkamp.

___. 1997. *Körper von Gewicht: die diskursiven Grenzen des Geschlechts*. Aus dem Amerikan. von Karin Wördemann. Frankfurt (Main): Suhrkamp.

___. 2009. Die Macht der Geschlechternormen und die Grenzen des Menschlichen. Aus dem Amerikan. von Karin Wördemann und Martin Stempfhuber. Frankfurt (Main): Suhrkamp.

Caffentzis, George. 2000. *Exciting the Industry of Mankind: George's Berkeley's Philosophy of Money*. Dortrecht: Kluwer.

___. 2012. *In Letters of Blood and Fire: Work, Machines, and the Crisis of Capitalism*. Oakland: PM Press.

___. Noch nicht erschienen. *Civilizing Money: David Hume's Philosophy of Money*.

Carlsson, Chris. 2008. *Nowtopia: How Pirate Programmers, Outlaw Bicyclists, and Vacant-Lot Gardeners Are Inventing the Future Today*. Oakland: AK Press.

Connelly, Matthew. 2008. *Fatal Mis-Conception: The Struggle to Control World Population*. Cambridge, MA: The Belknap Press of Harvard University Press.

Corea, Gena. 1979. *The Mother Machine: Reproductive Technologies from Artificial Insemination to Artificial Wombs*. New York: Harper and Row.

Cott, Nancy. 1972. *Root of Bitterness: Documents of the Social History of American Women*. New York: E.P. Dutton.

Danna, Daniela. 2015. *Contract Children: Questioning Surrogacy*. Stuttgart: Ibidem-Verlag.

___. 2019. *Il peso dei numeri: Teorie e dinamiche della popolazione*. Trieste: Asterios Editore.

Danner, Mona J. E., 2012, »Three Strikes and It's Women Who Are Out: The Hidden Consequences for Women of Criminal Justice Policy Reforms«. In *It's a Crime: Women and Justice*, hrsg. von Roslyn Muraskin, 354–64. 5. Aufl. Boston: Prentice Hall.

Davis, Angela. 1998. »Surrogates and Outcast Mothers: Racism and Reproductive Policies in the Nineties.« In *The Angela Y. Davis Reader*, hrsg. v. Joy James, S. 210–21. Malden, MA: Blackwell.

Deleuze, Gilles. 1993. *Unterhanldungen: 1972 – 1990*. Aus dem Französischen von Gustav Roßler. Frankfurt a. M.: Suhrkamp.

Diepenbrock, Chloé. 2000. »God Willed It! Gynecology at the Checkout Stand: Reproductive Technology in the Women's Service Magazine, 1977–1996.« In *Body Talk: Rhetoric, Technology, Reproduction*, hrsg. von Mary M. Lay et al., S. 98–121. Madison: University of Wisconsin Press.

Ehrenreich, Barbara. 2001. »Welcome to Cancerland: A Mammogram Leads to a Cult of Pink Kitsch.« *Harper's Magazine*, November 2001, S. 43–53.

___. 2018. *Wollen wir ewig leben? Die Wellness-Epidemie, die Gewissheit des Todes und unsere Illusion von Kontrolle*. Übers. von Ursel Schäfer und Enrico Heinemann.

München: Antje Kunstmann. [Original: *Natural Causes: An Epidemic of Wellness, the Certainty of Dying, and Killing Ourselves to Live Longer.* New York: Hachette Book Group, 2018.]

Ehrenreich, Barbara und Deirdre English. 2001. *Hexen, Hebammen und Krankenschwestern: The Witches Are Back.* 17. Aufl. München: Verlag Frauenoffensive. Übersetzt von Ilona Balthazar, aus dem Englischen: *Witches, Midwives and Nurses: A History of Women Healers.* 2nd ed. New York: The Feminist Press at CUNY, 1973.

Fanon, Frantz. 1967. *Black Skin, White Masks.* New York: Grove Press.

Fausto-Sterling, Anne. 2000. *Sexing the Body: Gender Politics and the Construction of Sexuality.* Boston: Basic Books.

Federici, Silvia. 2017. *Caliban und die Hexe: Frauen, der Körper und die ursprüngliche Akkumulation.* 4. Aufl. Wien, Berlin: Mandelbaum. Aus dem Englischen von Max Henninger. [*Caliban and the Witch: Women, the Body and Primitive Accumulation.* Brooklyn: Autonomedia, 2004.]

___. 2012. *Revolution at Point Zero: Reproduction, Housework and Feminist Struggle.* Oakland: PM Press.

___. 2019. *Hexenjagd: Die Angst vor der Macht der Frauen.* Münster: Unrast. Aus dem Englischen von Margarita Ruppel. [*Witches, Witch-Hunting, and Women.* Oakland: PM Press, 2018.]

Firestone, Shulamith. 1975. *Frauenbefreiung und sexuelle Revolution.* Aus d. Amerikan. von Gesine Strempel-Frohner. Frankfurt (Main): Fischer. Original: 1970. *The Dialectic of Sex: The Case for Feminist Revolution.* London: Woman's Press.

Foucault, Michel. 1983. *Sexualität und Wahrheit: Erster Band.* Frankfurt (Main): Suhrkamp. Übersetzt von Ulrich Raulff und Walter Seitter. Aus dem französischen Original: *La Volonté de Savoir.* Gallimard, 1976.

___. 1995. *Überwachen und Strafen: die Geburt des Gefängnisses.* Übers. von Walter Seitter. Frankfurt (Main): Suhrkamp.

Fox, Meg. 1989. »Unreliable Allies: Subjective and Objective Time in Childbirth.« In *Taking Our Time: Feminist Perspectives on Temporality,* hrsg. von Frieda Johles Forman und Caoran Sowton, S. 123–35. Oxford: Pergamon Press.

Freud, Sigmund. 1966. Gesammelte Werke – Siebenter Band: Werke aus den Jahren 1906-1909. Vierte Aufl. Frankfurt a. M.: S. Fischer.

Gargallo Celentani, Francesca. 2013. *Feminismo desde Abya Yala: Ideas y proposiciones de las mujeres de 607 pueblos en nuestra América.* Buenos Aires: América Libre – Chichimora Editorial.

Ginsburg, Faye D. und Rayna Rapp, Hg. 1995. *Conceiving the New World Order: The Global Politics of Reproduction.* Berkeley: University of California Press.

Greenberg, Gary. 2010. »The War on Unhappiness«. *Harper's Magazine,* September 2010: S. 27–35.

Guattari, Félix. 1996. *Soft Subversions.* Hrsg. von Silvere Lotringer. New York: Semiotext(e).

Haley, Sarah. 2016. *No Mercy Here: Gender, Punishment, and the Making of Jim Crow Modernity.* Chapel Hill: University of North Carolina Press.

Haller Baggesen, Lise. 2014. *Mothernism.* Chicago: Green Lantern Press.

Hanmer, Jalna. 1983. »Reproductive Technology: The Future for Women?« In *Machina ex Dea: Feminist Perspectives on Technology*, hrsg. von Joan Rothschild, S. 183–97. New York: Pergamon Press.

Haraway, Donna J. 1991. »Cyborg Manifesto.« In *Simians, Cyborgs, and Women: The Reinvention of Nature.* New York: Routledge.

Harcourt, Wendy. 2009. *Body Politics in Development.* London: Zed Books.

Harris, Wess, Hg. 2017. *Written in Blood: Courage and Corruption in the Appalachian War of Extraction.* Oakland: PM Press.

Hartmann, Betsy. 1995. *Reproductive Rights and Wrongs: The Global Politics of Population Control.* Boston: South End Press.

Hobbes, Thomas. 1651. *Leviathan.* London: Crooke.

hooks, bell. 1981. *Ain't I a Woman: Black Women and Feminism.* Boston: South End Press.

___. 1988. *Talking Back: Thinking Feminism, Thinking Black.* Toronto: Boston: South End Press.

___. 1996. *Sehnsucht und Widerstand: Kultur, Ethnie, Geschlecht.* Berlin: Orlanda. Aus dem amerikan. Engl. von Helga Pfetsch und Marion Sattler Charnitzky [Original: *Yearning: Race, Gender, and Cultural Politics.* Boston: South End Press, 1990.]

Hornblum, Allen M., Judith L. Newman und Gregory J. Dober. 2013. *Against Their Will: The Secret History of Medical Experimentation on Children in Cold War America.* New York: St. Martin's Press.

Johles Forman, Frieda, Hg., und Caoran Sowton. 1989. *Taking Our Time: Feminist Perspectives on Temporality.* New York: Pergamon Press.

Johnson, Richard und Charles H. Holbrow, Hg. 1977. *Space Settlements: A Design Study.* Washington, DC: NASA, Scientific and Technical Information Office.

Jones, James H. 1993. *Bad Blood: The Tuskegee Syphilis Experiment.* New York: Free Press. First published 1981.

Jones, Jesse. 2017. *Tremble, Tremble / Tremate, Tremate.* Dublin: Project Press; Milan: Mousse Publishing.

Komarovsky, Mirra. 1967. *Blue-Collar Marriage.* New York: Vintage Books.

Laqueur, Thomas. 1992. *Auf den Leib geschrieben: die Inszenierung der Geschlechter von der Antike bis Freud.* Aus dem Engl. von H. Jochen Bussmann. Frankfurt am Main: Campus. [Original: 1990].

Lay, Mary M. et al., Hg. 2000. *Body Talk: Rhetoric, Technology, Reproduction.* Madison: University of Wisconsin Press.

LeFlouria, Talitha L. 2016. *Chained in Silence: Black Women and Convict Labor in the New South.* Chapel Hill: University of North Carolina Press.

Le Sueur, Meridel. 1984. *Women on the Breadlines*. Minneapolis: West End Press. Erstveröffentlichung 1977.

Levidow, Les und Kevin Robins. 1989. *Cyborg World: The Military Information Society*. London: Free Association Books.

Linebaugh, Peter. 1992. *The London Hanged: Crime and Civil Society in the 18th Century*. Cambridge: Cambridge University Press.

Locke, John. (1872) *Versuch über den menschlichen Verstand. In vier Büchern.* Übersetzt und erläutert von J. H. von Kirchmann, Berlin: L. Heimann, 1872 (Philosophische Bibliothek, Bd. 51). [Original: *An Essay Concerning Human Understanding.* Vol. 1. New York: Dover, 1690.]

Lombroso, Cesare und Guglielmo Ferrero. [1894] 2017. *Das Weib als Verbrecherin und Prostituirte.* Nachdruck der Ausgabe von 1894. Norderstedt: Hansebooks.

Lyubomirsky, Sonja, Laura King und Ed Diener. 2005. »The Benefits of Frequent Positive Effect: Does Happiness Lead to Success?« *Psychological Bulletin* 131, Nr. 6, S. 803–55.

Mac, Juno und Molly Smith. 2018. *Revolting Prostitutes: The Fight for Sex Workers' Rights.* London: Verso.

Marshall, Alfred. 1905 [1890]. *Handbuch der Volkswirtschaftslehre: Erster Band.* Übersetzt von Hugo Ephraim und Arthur Salz. Stuttgart und Berlin: Cotta.

Marx, Karl. 2017. *Ökonomisch-philosophische Manuskripte aus dem Jahre 1844.* hrsg. von Karl-Maria Guth. Berlin: Contumax/Hofenberg.

___. 1872. *Das Kapital.* Ungekürzte Ausgabe nach der zweiten Auflage von 1872. Paderborn: Voltmedia.

Melossi, Dario und Massimo Pavarini. 1981. *The Prison and the Factory: Origin of the Penitentiary System.* Totowa, NJ: Barnes and Noble.

Merino, Patricia. 2017. *Maternidad, Igualdad y Fraternidad: Las madres como sujeto político en las sociedades poslaborales.* Madrid: Clave Intelectual.

Mies, Maria. *Patriarchat und Kapital: Frauen in der internationalen Arbeitsteilung.* 3. Aufl. Zürich: Rotpunktverlag: 1990 [1988].

Milwaukee County Welfare Rights Organization. 1972. *Welfare Mothers Speak Out: We Ain't Gonna Shuffle Anymore.* New York: Norton.

Molina, Natalia. 2006. *Fit to Be Citizens: Public Health and Race, 1879–1939.* Berkeley: University of California Press.

Moraga, Cherríe und Gloria Anzaldúa, Hg. 1983. *This Bridge Called My Back.* New York: Kitchen Table: Women of Color Press.

Morgan, Robin. 1970. *Sisterhood Is Powerful: An Anthology of Writings from the Women's Liberation Movement.* New York, Random House.

Murphy, Julien S. 1995. *The Constructed Body: AIDS, Reproductive Technology, and Ethics.* New York: SUNY Press.

Nissim, Rina. 2014. *Une sorcière des temps modernes: Le self-help et le mouvement femmes et santé.* Lausanne: Editions Mamamélis.

Noble, David F. 1999. *The Religion of Technology: The Divinity of Man and the Spirit of Invention*. New York: Penguin.

Nourse, Victoria F. 2008. *In Reckless Hands. Skinner v. Oklahoma and the Near Triumph of American Eugenics*. New York: W.W. Norton.

O'Neill, William L. 1967. *Divorce in the Progressive Era*. New Haven, CT: Yale University Press.

Paltrow, Lynn M. und Jeanne Flavin. 2013. »Arrests and Forced Interventions on Pregnant Women in the United States, 1973–2005: Implications for Women's Legal Status and Public Health.« *Journal of Health Politics, Policy and Law* 38, Nr. 2 (April): S. 299–343.

Pateman, Carole. 1988. *The Sexual Contract*. Stanford, CA: Stanford University Press.

Pfeufer Kahn, Robbie. 1989. »Women and Time in Childbirth and Lactation.« In *Taking Our Time: Feminist Perspectives on Temporality*, hrsg. von Frieda Johles Forman und Caoran Sowton, S. 20–36. New York: Pergamon Press.

Polhemus, Ted. 1978. *The Body Reader: Social Aspects of the Human Body*. New York: Pantheon.

Poole, W. Scott. 2009. *Satan in America: The Devil We Know*. Rowman and Littlefield.

Reese, Ellen. 2005. *Backlash against Welfare Mothers: Past and Present*. Berkeley: University of California Press.

Reinhold, Robert. 1982. »Strife and Despair at South Pole Illuminate Psychology of Isolation.« *New York Times*, 12. Januar, 1982.

Roberts, Dorothy. (1997) 2017. *Killing the Black Body: Race, Reproduction, and the Meaning of Liberty*. New York: Vintage Books.

Rothschild, Joan Hg. 1983. *Machina Ex Dea: Feminist Perspectives on Technology*. New York: Pergamon Press.

Rozzi, R.A. 1975. *Psicologi e Operai: Soggettività e lavoro nell'industria italiana*. Milan: Feltrinelli.

Rynes, Sara L., Barry Gerhart und Laura Parks-Leduc. 2005. »Personnel Psychology: Performance Evaluation and Pay for Performance.« *Annual Review of Psychology* 56, Nr. 1 (Februar): S. 571–600.

Salecl, Renata. 2009 [Original: 2004]. *Über Angst*. Aus dem Engl. von Erik M. Vogt. Wien: Turia + Kant.

Sartre, Jean-Paul. 1993. *Das Sein und das Nichts. Versuch einer phänomenologischen Ontologie*. 20. Aufl., übersetzt von Traugott König. Hamburg: Rowohlt. Aus dem französischen Original: *L'être et le néant*. Gallimard, 1953.

___. 2007. *Geschlossene Gesellschaft*. Neuübersetzung von Traugott König. Hamburg: Rohwolt. Aus dem französischen Original: *Huis Clos*. Gallimard, 1945.

Schiebinger, Londa. 1995. *Am Busen der Natur: Erkenntnis und Geschlecht in den Anfängen der Wissenschaft*. Aus dem Engl. von Margit Bergner und Monika Noll. Stuttgart: Klett-Cotta. [Original: 1993].

Seidman, Steven. 1997. *Difference Troubles. Queering Social Theory and Sexual Politics*. Cambridge: Cambridge University Press.

Solinger, Rickie, et al., Hg., 2010. *Interrupted Lives: Experiences of Incarcerated Women in the United States*. Berkeley: University of California Press

Starr, Paul. 1982. *The Social Transformation of American Medicine*. New York: Basic Books.

Stocking, George W., Jr. 1988. *Bones, Bodies, Behavior: Essays on Biological Anthropology*. Madison: University of Wisconsin Press.

Sublette, Ned und Constance Sublette. 2016. *The American Slave Coast: A History of the Breeding Industry*. Chicago: Lawrence Hill.

Tajima-Pena, Renee, Regisseurin und Produzentin. 2015. *No Más Bebés / No More Babies*. San Francisco: ITVS; Los Angeles: Moon Canyon Films.

Tapia, Ruby C. 2010. »Representing the Experience of Incarcerated Women in the United States.« In *Interrupted Lives: Experiences of Incarcerated Women in the United States*, hrsg. von Rickie Solinger, S. 1–6. Berkeley: University of California Press.

Taylor, Sunaura. 2017. *Beasts of Burden: Animal and Disability Liberation*. New York: New Press.

Townley, Chiara. 2019. »Cosmetic Surgery Is on the Rise, New Data Reveal«. *Medical News*, 17. März 2019.

Turner, Bryan S. 1992. *Regulating Bodies: Essays in Medical Sociology*. London: Routledge.

Turney, Lyn. 2000. »The Politics of Language in Surgical Contraception.« In *Body Talk: Rhetoric, Technology, Reproduction*, hrsg. von Mary M. Lay et al., S. 161–83. Madison: University of Wisconsin Press.

Twohey, Megan. 2013. »Americans Use the Internet to Abandon Children Adopted from Overseas.« Reuters investigative report, The Child Exchange: Inside America's Underground Market for Adopted Children part 1 (9. September 2013). https://www.reuters.com/investigates/adoption/#article/part1.

Valentine, David. 2007. *Imagining Transgender: An Ethnography of a Category*. Durham, NC: Duke University Press.

Vora, Kalindi. 2019. »After the housewife Surrogacy, labour and human reproduction«. In *Radical Philosophy* (RP 2.04, Spring 2019). https://www.radicalphilosophy.com/article/after-the-housewife.

Welsome, Eileen. 1993. »*The Plutonium Experiment*«. *Albuquerque Tribune*, November 15–17, 1993.

Williams, Kristian. 2006. *American Methods: Torture and the Logic of Domination*. Boston: South End Press.

Wittig, Monique. 1992. »The Straight Mind«. In *The Straight Mind and Other Essays*, S. 21–32. New York: Harvester Wheatsheaf.

Yurick, Sol. 1985. *Behold Metatron, the Recording Angel*. Brooklyn: Autonomedia.

Lise Vogel

Marxismus und Frauenunterdrückung

Auf dem Weg zu einer umfassenden Theorie

mit einem Vorwort von Frigga Haug
324 Seiten | 19,80 € | ISBN 978-3-89771-312-3

»Das Buch zeichnet sich durch einen hohen Abstraktionsgrad aus und ist eine fundierte Auseinandersetzung mit marxistischer Theoriebildung ... wärmstens zur Lektüre empfohlen.«

Christopher Wimmer, neues deutschland

Was kann sozialistische Theorie zum Verständnis und vor allem zur Aufhebung der Frauenunterdrückung beitragen? Was haben Marx, Engels und andere Größen der sozialistischen Theoriebildung zur Unterdrückung der Frauen gesagt? Was davon hat nach wie vor Bestand – und wo sind die (zumeist männlichen) Autoren damals zu kurz gesprungen?

Inspiriert durch die Zweite Frauenbewegung unternimmt Lise Vogel Anfang der 1980er Jahre den Versuch, eine Theorie der Frauenunterdrückung zu erarbeiten. Sie will die vielfältigen, in verschiedene Richtungen strebenden und sich verzettelnden Diskussionen der sozialistischen Frauen auf ein gemeinsames marxistisch begründetes Ziel hin orientieren. Doch Vogels kritisches Studium früher marxscher Texte sowie ihre – bis heute aktuelle – Analyse der folgenreichen Übernahme von Thesen, die Lewis Morgan 1877 in die Welt gestellt hatte, ergibt eine ernüchternde Bilanz: Fast überall wurde das Thema der Frauenarbeit bzw. der Teilhabe von Frauen am kapitalistischen Reproduktionsprozess vergessen, verschwiegen, ignoriert ...

Ergänzt wird Vogels Text aus dem Jahr 1983 durch ihren fast zwanzig Jahre später erschienenen Nachtrag: Hausarbeit neu gedacht, in dem sie ihre Theorisierung der Reproduktionsarbeit erweitert und überarbeitet.

UNRAST Verlag | www.unrast-verlag.de | kontakt@unrast-verlag.de

Friederike Beier, Lisa Yashodhara Haller,
Lea Haneberg (Hg.)

materializing feminism

Positionierungen zu Ökonomie, Staat und Identität

248 Seiten | 16,00 € | ISBN 978-3-89771-319-2

»Allen, die sich also näher mit einem theoretischen Fundament und neuen Konzepten des materialistischen Feminismus befassen wollen, ist der Kauf dieses Bandes ans Herz gelegt.«

Mailin Stangenberg, kritisch-lesen.de

Materialize bedeutet manifestieren, verstofflichen, gegenständlich machen. Der Sammelband macht daher Kontroversen und aktuelle Herausforderungen feministischer Theorie und Praxis sichtbar.

Feministische Themen sind im Mainstream angekommen: Das Aufbegehren gegen Sexismus wird zunehmend salonfähig, Feminismus verkauft sich nicht nur auf T-Shirts und Frauenförderung und Gleichstellung sind Anliegen staatlicher Politik. Dieser Erfolg ist genauso begrüßenswert wie ambivalent, da soziale Ungleichheit durch die Zurichtungen kapitalistischer Verwertungslogik ausgeblendet oder sogar verschärft wird.

Vor diesem Hintergrund fragen wir nach den Herausforderungen und den Kontroversen emanzipatorischer Politik und Theorie, die sich gegen die Vereinnahmung durch Kapitalismus und Antifeminismus wendet. Die Beiträge behandeln das Geschlechterverhältnis im Kapitalismus, Identitätspolitik, intersektionale Perspektiven und die Vereinnahmung feministischer Themen sowie mögliche Gegenstrategien.

UNRAST Verlag | www.unrast-verlag.de | kontakt@unrast-verlag.de